里親家庭 ステップファミリー 施設 で暮らす

子どもの回復・自立へのアプローチ

中途養育の支援の基本と子どもの理解

Tsuzaki Tetsuro
津崎哲郎《Tsuzaki Tetsuro》[著]

明石書店

はじめに

筆者はかって大学で社会学を学んだ。卒業後は民間の製薬会社に勤め、人事部門で働いたが、一年後の1969（昭和44）年に大阪市の福祉職員に転職し、以来退職まで35年間にわたり、大阪市中央児童相談所（現大阪市こども相談センター）に勤めた。この間、地区担当の児童福祉司（ケースワーカー）を皮切りに、一時保護所長、措置係長（児童福祉司の統括ポスト）、副所長、所長を経て、2004（平成16）年3月末に定年を1年前倒しにして退職し、花園大学の社会福祉学部の教授（児童福祉論担当）に就任した。

児童相談所に在職中は、初期の頃から主に休日やアフターファイブに、複数の研究会に所属し、また職場内でいくつかの自主的な研究会を組織して外部の研究者を交えたケース援助研究を実践してきた。そして、1980（昭和55）年代後半には当時援助が最も困難であった児童虐待研究として収斂《しゅうれん》していった経緯があった。この児童虐待研究においては、後に大阪府などで同様の研究会活動をされていた多職種の人々とも合体し、結果として大阪が戦後日本の児童虐待問題取り組みの火付け役を果たすことになった。

加えて、当時筆者が所属していた大阪市中央児童相談所で、１９９１（平成３）年から実践した、研究会仲間であった弁護士たちとタイアップした行政権限を活用した介入的ソーシャルワークは、特に保護者の協力が得にくい困難な児童虐待ケースにおいて、その効果の明確性と迅速性という点で、従来のケースワークには見られない成果を発揮した。この成果についての適宜の情報発信は、後に全国の児童相談所における児童虐待ケースへの新たな基本的対応スタンスとして、１９９７（平成９）年の厚生労働省通知（厚生省児童家庭局通知「児童虐待等に関する児童福祉法の適切な運用について」児発第４３４号）を導きだした。[1]

そして、この通知は児童相談所の児童虐待ケース、とりわけ保護者が関わりのニーズを持たない困難ケースに対する援助スタンスを大きく変えただけでなく、２０００（平成12）年の児童虐待防止法の成立による法的枠組みとしてのより明確な内容の継承につながり、今では全国の児童相談所の基本的援助スタイルとして確立するに至っている。

これらの変化により、児童相談所の業務、とりわけ児童虐待支援は、時間的にも、またケース量的にも劇的に増大し、かつ社会風潮として発見・通告を重視する警戒、監視優先という新たな課題を引き起こしているが、いったんは通らなければならない道筋をリードしたという点で意義があったと自認している。

さて、筆者の大学教員生活も2015（平成27）年3月末で終了に向かうにあたって、筆者の私生活における里親実践活動から得た気づきを、子どもの中途からの養育に携わる当事者、及びその援助に関わる方々にぜひ知っていただきたく、おそらく最後の執筆活動としてここにまとめておきたいと思い立った。

中途からの子育ての難しさは、昔から経験的には継子いじめ等の言葉などにも表されてきている。また、『シンデレラ物語』『次郎物語』『火垂るの墓』、最近では『八日目の蝉』『そして父になる』等々の文学作品にもそのテーマが繰り返し取り上げられ、養育者と新たに養育されることになった子どもとの心の葛藤や行き違いが、子どもあるいは養育者の視点で多様に紹介されている。しかし、中途養育の本当の意味やメカニズムは必ずしも正しく理解されているとはいえず、むしろ誤解されたり、適切に配慮されないまま、子ども、親（大人）双方が傷つき体験を繰り返している現状をすごく残念に思っている。

この著書としては、中途養育を代表する三部門、つまり里親による養育、ステップファミリー（連れ子再婚家庭）における養育、施設における養育で構成している。それぞれの場面で子どもたちにはどのような心理・言動の特徴が生じ、また大人たちの都合に翻弄された子どもたちが、どのような回復・成長のプロセスをたどることになるのか。その基本構図をしっかりと大人たちが理解して、子どもたちによりよく向き合ってほしいと願っている。

多くの場合その基本が理解されず、むしろ目前に表出される子どもの混乱言動などが誤って理解されることによって、大人側の一方的で不適切な対応が引き出され、かつそのことによってさらに子どもの困った行動が助長される悪循環が生じ、ときに双方にとって取り返しのつかない悲劇が生じているからである。

†注

1　1997（平成9）年の厚生労働省児童家庭局通知は、従来のケースワークを基にした親との良好な関係に基づく援助を最優先させるのではなく、子どもの安全確保を最優先させた援助を展開し、そのためには親との一時的な摩擦や対立はやむを得ないとし、必要に応じて行政権限の発動を積極的に使った援助を実施するよう、従来の対応スタンスとは大きく異なった指針を、全国の児童相談所に示した。

里親家庭・ステップファミリー・施設で暮らす
子どもの回復・自立へのアプローチ

目 次

第1章

里親家庭における子育て

1　里親政策の動向

厚生労働省が大きく里親の制度改善を試みたのは、2009（平成21）年度のことである。これまで施設入所に偏りすぎていたわが国の社会的養護を必要とする子どもたち（何らかの事情で家庭での養育が難しい子ども）の受け皿を見直し、里親を増やす方向に児童政策の舵を大きく切り替えたためである。

このとき、里親の養育手当が大きく増額され、養育里親の場合、従来最初の一人について支払われていた月3・4万円の里親手当は、一挙に7・2万円（2人目以降は3・6万円）に増額された。また学習塾の費用なども認められるようになり、かつ里親研修も強化されるなど里親制度を拡充するのだという強い厚生労働省の意志が示された。

なお、里親の種類についても再編がなされ、従来、養育里親、短期里親（1年未満の短期の里親）、専門里親、親族里親の4種であったものを、養子縁組里親、養育里親、専門里親、親族里親の4種に改められている。ちなみに改正前においては、養子縁組里親は、養子縁組が成立するまでは、養育里親として分類されている（養子縁組が成立すれば通常の親子関係に移行）。

しかし、一般的には、預ける側の実親が、里親へ委託することは子どもを取られてしまうと誤解し反対することがしばしば生じるので、この改正においては、養子縁組里親と養育里親を最初から明確に区分するという意図が示された形になっている。なお、このとき養子縁組里親と親族里親については、里親手当は除外され、子どもの生活実費のみが支給される形がとられている。

従来、厚生労働省においては、本来里親はボランティアであるとし、金銭的手だてについてはボランティア精神を損なうとして消極的であったが、里親拡充のためにはそれ相応の手だてが必要との考えに転換を図ったのである。今は、社会的養護を必要とする全国3万を超える子どもたち（児童養護施設＋乳児院＋里親）の8割5分程度の子どもはまだ施設で暮らしているが、将来的には施設、里親、グループホームそれぞれに3分の1ずつという数値目標を伴った方向性が示されている。

また2012（平成24）年度からは、児童施設に対して里親支援専門相談員を配置し、里親の開拓やフォローアップについて、施設と児童相談所が一体になった取り組みを展開し、何とか里親を増やそうと強い姿勢を示している。

厚生労働省がこのような方針転換を行った背景には、児童虐待の急増現象が少なからず影響している。厚生労働省が毎年報告している全国の児童相談所で対応する児童虐待の件数は、1990（平成2）年度に初めて統計を取り始めて以降、まだ一度も前年を下回るという現象は生じておらずに増え続けている。そして、2012（平成24）年度では、6万6701件に達している（2014（平成26）年8月4日に公表された児童相談所の2013（平成25）年度の児童虐待相談の速報値は7万3765件と報告されている）。

これらの公的機関が関与した児童虐待ケースのうち、程度の重いものは家庭からの分離が図られるが、その主な受け皿が児童養護施設ということになる。そして、今や児童養護施設の約6割程度が被虐待児という状況になってきている。彼らの特徴はそれぞれの環境体験の中での心の傷（トラウマ）を抱え、その癒やしと回復の作業が必要との認識に至っているが、施設という集団養護の中ではなかなか個別の作業が難しいところから、改めて諸外国がそうであるように（欧米などでは少なくても6～7割程度の割合で里親に委託されている国が多く、施設は却って少数である）[▼1]、わが国においても里親養育の比率を増やす必要に迫られてきたという事情が存在している。

しかし、実親から分離された子どもたちの里親による養育体験は、必ずしも簡単とはいえず、ときに里親・子関係がもつれて悲惨な事件を巻き起こすこともある。

2　里親家庭の悲劇

施設ではなく里親家庭に委託されれば、それだけで子どもの幸せにつながるのかと問われれば、単純にイエスとはいいにくい。筆者の長年の実務体験の中でも、ときに、里親・子関係が破綻し、再び施設に子どもが戻されるという事例が少なからずあった。むしろ、通常の家庭で赤ちゃんのときから親が育てるようには簡単にいかないという認識が、里親側、及び里親養育を支援する立場の人たちには必要である。そして、その中途養育の難しさが、ときに悲劇の事件につながることも稀には生じているのである。

近年の有名な事件としては、2011（平成23）年に東京都杉並区で里母が逮捕された3歳児里子の死亡事例がある。

この事例の里母さんはすこぶる高学歴の方である。有名な私立大学の大学院（博士課程）を修了され、心理学などの勉強もされている。さらには実子2名（10代の女児）の養育体験もあり、社会貢献がしたいとして里親に申し込まれ、行政の調査や社会福祉審議会の審査をクリアーして里親に認定登録された方である。しかし、委託された3歳女児（委託時は2歳）を1年足らずの間に死亡させてしまうという最悪の事態が生じてしまっている。なぜこのようなことが生じてしまうのか。一口でいえばこれが中途養育の難しさといえるかもしれない。

報道等から得た情報が主であるため、細かいいきさつや実情は定かでないが、筆者も同じ業務に携わってきた元行政の人間として、里親登録の際には行政の職員も新たな里親を歓迎した可能性が高い。高学歴で専門の学習もされ、しかも実子の養育体験がある。さらには社会貢献がしたいという動機についても何ら非をつく隙もない。

きっと期待を持って2歳児が委託されたのだろうと推測されるが、その後の詳細な養育プロセスは明らかになっていない。それだけでなく、委託先の児童相談所職員が何度も家庭訪問され里母と接触されているが、その職員さえも課題のあった養育プロセスに気づいていない。報道によれば里母から子どもの食事が遅いとの指摘はされたりしたようであるが、養育に困るという強いメッセージではない。ただ、報道によると里母はネットのブログに里子のことをゾンビみたいな子と表現していたようであるから、この里母にとっては理解不可能な特異な言動が多々生じていたのではないかと思われる。ではなぜ破綻が生じる前にギブアップをしたり、具体的な困難点を説明して助言を得ようとしなかったのか。児童相談所の職員が時折訪問をしてくれていたのであるから、機会的にはすぐにでもいえそうな気がする。しかし、この里母さんは一言もそのことを告げず、むしろ順調に子育てが推移しているかのように装っている。

ここからは筆者の実務経験を踏まえた推論になるが、高学歴でプライドの高い里母は、子育てがうまくいかないという一言を、児童相談所職員には告げられなかったのだろうと思われる。もし、告げたらどうなるのか。当然、児童相談所はその実情を細かく調査することになるし、仮に養育の継続が不適切と判断すれば、里子を引き上げる手だてを取ることになるだろう。そうなれば里親にとっては、自分は失敗した里親としてのレッテルを貼られることになるとの考えにとらわれるし、社会貢献がしたいとしてなった里親の試みは、思いに反し無残な挫折の結末を迎えることになる。

これらのことを恐れる気持ちが生じていたとしたら、里親はそれを隠し、取り繕いの態度をとることが十分想定される。しかし、理性では取り繕えたとしても子どもに対する違和感と嫌悪の感情が生じていたとしたら、その感情までは取り繕うことはできない。結果的にはその感情が徐々に高まり、最後には理性を超えて感情が爆発し、子どもへの度を超えた攻撃へとつながってしまった可能性が高いのである。

実は死亡にまで至るケースは少ないが、似たような形で子どもへの攻撃が爆発し、けがをさせてしまうような事件が全国的には少なからず生じている。

大阪でも2009（平成21）年に、やはり5歳の女児に対して里母の感情が爆発し、重大な傷害を負わせてしまったという事件が発生している。この里親さんも周りからはとてもしっかりした方と見られていたが、実際は委託を受けた子どもの養育がうまくいかないという悩みを抱え込んでおられた。しかし、やはりその思いを児童相談所職員には率直に伝えることができずに抱え込み、最後は感情が爆発して子どもに大けがをさせるという、いわば東京の事例と似通った構図を有している。

この大阪の事例では、筆者も自治体の重大な事例に関する検証作業に携わり、それなりに内容を詳しく承知している。検証の報告には、里親の性格特性、里親調査の妥当性、里親育成のあり方、研修やフォローアップ支援のあり方などが、多岐にわたって背景にある問題として指摘されているが、感情爆発の直接の動機は、里父になつき、里母にはなつかない里子の表情、言動が、同じ女性としての嫉妬心と敵意をかきたてたことが最も大きな要因になっていた。

3 里親認定と委託

さて、里親になりたいと考える人は、どのような手続きを踏めばよいのか。

今は各自治体がより多く里親を増やしたいと考えているので、各都道府県やその所轄の児童相談所などが盛んに広報を行っている。したがって、各都道府県の本庁の児童担当課や児童相談所に問い合わせをすれば説明が得られるし、自治体が作成したパンフレットなども手に入れることはたやすい。また、ネットなどで案内や情報提供を行っている自治体も少なくないので、情報が得られなくて困るということは少ないだろう。

しかし、ごく簡単にその手続きについて触れておくと、まず、里親になりたいという申込先は、通常、申込者の居住地を所轄する児童相談所が窓口になる。申込に際しては各児童相談所で定型化された申込の用紙に必要事項を書き込み、合わせて要請される必要資料を添付して申請することになる。

定型の申込用紙には、里親を希望する動機、家族構成とそのメンバー、住居状況、経済状況、家庭の日常生活状況などを書き込む必要がある。必要とされる添付資料には、里親の健康診断書や世帯の収入証明などが求められることが多い。

これらの申請が受理されれば、次は児童相談所等の訪問調査を受けることになる。通常は里親業務を担当する児童相談所職員、ときには市町村の職員等同伴による家庭訪問を受け、申請用紙に書かれた内容に間違いがないか、さらには里親のこれまでの生活歴や、里子の養育方針、あるいは家族メンバーの協力姿勢に至るまで、主には里親の人物と子どもの養育力に対する評価に重きを置いた調査が行われる。

さらに今は、里親に対する事前研修が義務づけられているし、養育里親の場合、何日かの施設での実習とその評価も認定に対して加味される。

これらの児童相談所調査が一通り終わった段階で、今度は自治体の社会福祉審議会に諮られ、その審査で承認を受けて初めて里親として公式に登録されることになる。

公式に登録されれば、里親側の委託希望に添う児童と、逆に児童相談所側の里親に委託したい児童との調整が行われ、児童相談所や施設などでマッチングの作業が行われることになる。

このマッチング作業は養子縁組を前提にする場合かなり丁寧に行われ、施設に一定期間通って子どもと里親の関係づけの状態を評価した後、自宅に連れて帰ることになることが多い。ただ養育里親の場合、この手続きはより簡素化されることも少なくないし、ときには児童相談所や施設側の事情などで緊急委託の形がとられることもある。

4　委託後の子どもの反応

通常、乳児院や児童養護施設などから里親の個人家庭に委託された子どもたちはどのような反応や言動が生じることになるのであろうか。

大阪と神戸には里親の開拓や子どもの委託、さらには里親の研修やフォローアップ支援などを専門に行う民間団体、公益社団法人 家庭養護促進協会（大阪事務所、神戸事務所）がかなり古くから存在し活動している。

ここには何十年というスパンでこの業務を行い、数知れないケースを扱ってきている職員がいるので、委託後、子どもたちがどのような反応をするのか経験的によく承知している。したがって、新たに里親になりたいと申し込んでこられる人たちに、その心構えやノウハウ、あるいは子どもの予測される反応とそれに対する里親側の基本的態度や姿勢を的確に伝え、アドバイスすることができるが、残念ながらそのような民間団体は他の地域にはほとんど存在していない。

全国的には、それらのノウハウの伝達や研修、アドバイスなどを行う役割は主にはその地域の児童相談所に委ねられている。しかし、残念ながら全国の児童相談所職員の平均的な勤続年数は3〜4年程度であるので、職員自身が十分な経験や知識を持ち合わせていない可能性がある。こうなると委託後の子どもの反応を予測したり、また生じた困る言動に的確なアドバイスを与えることが難しくなってしまう。ここに、里親・子関係が破綻に至る危険性がそれだけ高まってしまうというリスクが存在することになる。

たとえば、先に挙げた東京都杉並区の里子死亡事例においても、もし仮に職員に里子委託の長年の経験とノウハウが備わっていれば、もう少し違った展開になっていた可能性がある。つまり、里親側からあえて問題提起しなくても、「通常、委託する子は必ず様々な困る反応が起こるものですよ」「そして里親はそれに苦慮するプロセスが決まってあるのです」と里親家庭で生じる養育困難に対し、具体的に話題を振り向けることが可能になる。つまり、「うまくいかないことが里親の技量や責任、あるいは特別的な事柄ではなく、当たり前の現象として起こるのです」という感覚で話を掘り下げることができていたら、里親側の姿勢や話への反応は、もう少し柔軟になっていた可能性が考えられるのである。

では、里親家庭に委託後、子どもたちは実際にはどのような反応や言動を引き起こすことになるのであろうか。

(1) 前提としての親子分離の意味

里親や施設に委託される子どもは、すべて何らかの事情の下、実親との親子分離体験を有している。これらの体験が子どもにとってどのような意味を持ち、かつどのような影響を与えることになるのか、里親や施設で働く職員はその基本を最低限理解しておく必要がある。

動物の世界では、子どもが母親から出産という形で生まれ落ちると、個体としては二つに分離独立することになる。しかし、アフリカのサバンナをイメージしていただくとわかりやすいが、生まれた子どもは独り立ちできるまでの間、主に母親と強く結ばれ、その庇護《ひご》下にない限り生命を維持することはできない。テレビ映像などを見ていると、不幸にも時折親と離れてしまう子どもがいる。こうなるといかに強い動物の子どもであったとしても単独で命をつなぐことはできず、ほぼ百パーセント死に至ってしまう。

したがって、幼児期の子どもにとっては親から離れることが最も大きな不安と恐怖の根源になり、自分の死と直結するショック体験の意味を持つ。

しかし、自然界はよくできていて、この二つの個体が容易には離れないようにする仕組みが用意されている。つまり、これが親と子の強い接着剤としての意味を持つ愛着（アタッチメント）である。この働きにより、子は親の姿が見えないと泣き叫んで親を求め、また親の方も子どもの姿が見えないと必死に探し回るという、相互密着の行動をとり、両者が安易には離れることがないような自然界の必然的仕組みに支配されて、生命の保障と継続が成立している。

だが、不幸にして、里親や施設に委託される子は、やむない事情があるにせよ実親からすべて分離され、いったん施設や児童相談所の一時保護所などに保護されるという体験を伴っている。

ある子どもの場合、親が子どもを連れていては生活が成り立たたず共倒れするしかないと考え、今の状況下では施設の養育に子どもを託す方が子どもにとってよいと考えたかもしれない。また、最近では親に養育されている環境が劣悪で、児童相談所や市町村職員などの強い説得で子どもをしぶしぶ委託した人もいるだろう。

いずれにせよ、その時点では子どもの福祉を考え良かれと思う大人の判断の下で、親子の分離が実際に行われている。しかし、すでに見たように、人間も例外なく動物としての本能や生理の支配下にある。いかに事情があったとしても、子どもにとっては死に値する親子分離というショック体験を、それぞれが個別に背負っている子どもたち、との理解が基本にいる。

それともう一つ、重要な認識がいる。子どもが自分の身に起こった不条理で不可避的な出来事を、子ども自身ではどのようにとらえているのかという側面である。

子どもは自らの身上に起こった出来事を、大人のように客観的に考え理解したり整理したりすることはできない。

つまり、子どもは、大人とはまったく異なる文脈、とらえ方でその出来事を理解しようとする。

スイスの発達心理学者、ジャン・ピアジェは、子ども、とりわけ幼児の思考や認識の特徴として、その基本は自己中心性であると指摘した。この自己中心性という言葉は、一般的にイメージされる、大人の利己的で身勝手な言動とは意味を異にしている。つまり、子どもは自分を客観視したり、大人の複雑な考えを理解することができないため、自分を基準にして周りで起こる出来事を理解しようとする認識や思考の特徴を意味している。

つまり、子どもたちにとっては、自分に良かれとの判断で、大人のやむない状況下で親子分離が行われたのではなく、自分が「嫌われたから」、あるいは「必要がないと捨てられたから」親子分離が行われ、施設に入れられたと一応に理解しているのである。

たとえば、わが家の里子N子は、当初の頃、しきりに自分は「母親から嫌われた」とその無念の思いを筆者たちに訴えていた。筆者が「どうして?」と問いかけると、だって「お母さんは自分を置いてどこかへ行ってしまった」と繰り返し答え、一緒に連れて行ってくれなかったのは「N子のことが嫌いだったから」とその理由を打ち明けていた。

筆者の家の里子は、実はDV家庭の子どもである。母親がその環境に追いつめられ、いつしか死を決意するようになる。関係者に話を聞くと、当初N子を残すとかわいそうなので、一緒に連れて行こうと考えておられたようである。しかし、どのような考えの変遷があったのか定かではないが、結果としてはN子を残す決断をされた。

母親としてぎりぎりの追いつめられた状況下で、唯一自分がとれるN子への愛情の表現が、残していくという決断だったのである。しかし、幼児の特徴的な発想は、自分が親から「嫌われた」「捨てられた」という被害的な認識になっていることに留意がいる。この「見捨てられ感」の存在が、後の子どもの成長や生き方の姿勢に大きく影響することはいうまでもない。

むしろ、このことを正しく知れば、里親や施設の職員の大切な役割は、この被害的イメージと認識を払拭《ふっしょく》し、その時々の事情の中で、大人たちに精一杯できる選択、あなたを大切にしたいと思う選択が、あなたの場合、施設や里親に委託することであったと、正しく理解することを助けることにある。

子どもが否定された結果としての今の自分の置かれた状況に、ただ打ちひしがれてしまうのではなく、むしろ隠れた大人の期待と想いを確知し、自らへの自信と勇気を掘り起し、前に向かい課題を乗り越えて進むことができる姿勢を育むことこそ、最も大切な支援の基本であると気づくことが大切ということになる。

(2) 見せかけの良い子

さて、里親の個人家庭に、通常、乳児院や児童養護施設などから委託されることになった子どもたちが、共通に見せる反応の第一段階は、見せかけの良い子である。

つまり、里親にとっては案外子育てがやりやすく、心配していた新たな子どもの養育が、むしろとりこし苦労ではなかったのかとの思いに駆られたりする時期といってもよい。この時期、子どもたちは新たな大人たちの前で、本来の姿や言動を封じ込め、必死に自分の良き姿を示そうとあるべき言動を模索している時期ということになる。

話をわかりやすくするために具体事例を交えて話そう。

筆者が養育している里子は、3歳(女児)のときに児童相談所の一時保護所から引き取ったが、しばらくの間、子どもの日常場面における反応はどのようなものであったか。

里子N子にとっては、新たな生活の場は勝手がわからず、また生活を共にする筆者の実子などの家族メンバーともなじみがない中で、どう振る舞ってよいのか暗中模索であったと思われる。しかし、寝る前には自分の洋服をすべて枕元に畳んで眠るというけなげな態度をとっていた。筆者には当時3人の実子がおり、皆20歳前後（男、女、男）になっていたが、どの子どももそのような行動をとることはなかったので、なんと行儀の良い子かという驚きの感情さえ生じたのを記憶している。

また、食事のときには、「いただきます」と両手を合わせて行儀よくあいさつし、出された料理は好き嫌いなく、すべて残さずに食べるという見上げた態度も示していた。一時保護所の保育士からは、なんでもしっかりと食べる子という情報を得ていたが、ほどなくこれらは本来のN子の姿ではなく、かなり無理をして自分を作っていたのだということが明らかになる。

つまり、子どもはそれまでの生活環境の中で、周りの大人たちからしばしばいわれていたことを、勝手のわからない環境となじみのない大人たちの中で、必死に実行してみせようとしている時期といえるのかもしれない。

しかし、この見せかけの良い子は、多少個人差もあるが、通常は1か月程度で消滅することになる。逆にいうと引取り後の1か月程度は、子どもがかなり自分をセーブしている環境にあるため、子どもと養育者の摩擦が却って起きにくい時期で、むしろ新たな子育てが大きな問題もなく推移しやすいということを援助者は周知しておかなければならない。

何らかの事情があって施設に保護され、その子どもが一定の年数を経て再び家庭復帰するとき、引取り後の親子の安定を評価するため、よく1か月だけを措置停止の形で正式退所とせずに様子見の期間とする実務がなされている。しかし、これは引取り後の見せかけの良い子の時期だけを観察して評価するという過ちにつながりやすいことをしっかりと心得ておかなければならない。むしろ、問題は1か月を超えた頃から本格的に生じることになるのが通常の中途養育のケース特性といってよい。

なお、今では施設などから家庭に引き取られた場合、少なくても6か月程度のフォローアップが必要との厚生労働省の指針が示されているが、1か月を超えた頃から却って難しくなるという実例経験を踏まえれば、当然の指針として納得することができるだろう。

（3）退行（赤ちゃん返り）と試し行動

見せかけの良い子の後には、どのような状態が生じることになるのか。

いわゆる、かぶっていた猫がとれて本来のその子の姿が現れるのかというと、決してそうではない。むしろ、もっと幼く、聞き分けのない赤ちゃん的行動が連日のように襲いかかる。里親にとってみれば、まさに試練のひと時が現れることになる。その困難の内容は、言葉でいえば、①退行（赤ちゃん返り）と、②試し行動、ということになる。

①退行（赤ちゃん返り）

見せかけの良い子の時期が過ぎ、子どもが新たな養育者と環境に一定のなじみとそれなりの安心感が芽生えだすと、ほぼ例外なく退行現象が現れるようになる。

　これも話をわかりやすくするため、筆者の里親体験を披露することにする。


　3歳のときにわが家にやってきたN子は、言葉は順調に発達しており、なんでもよく話ができて自分の思いを伝えることもしっかりできていた。しかし、退行現象が始まりだすと、赤ちゃん言葉をしきりに使うようになる。たとえば、食事の場面において、「だだだ」「まんま、まんま」のような言葉を連発し、食べさせてほしいと執拗《しつよう》にせがむようになった。少し前まで、食事のあいさつをし、自分の前にそろえられた料理はすべて残さずに行儀よく食べるN子の姿とは雲泥《うんでい》の差があった。

　さらにひどかったのは、「抱っこ」と「おんぶ」の要求であった。常に里母に抱きかかえられていることを要求し、用事をしている里母の都合にはまったく頓着なしの様子であった。また、それがかなえられないときの反抗も半端ではなく、床に転がって手足をばたつかせ力の限り大泣きするという態度に終始した。

　3歳ではあるが、保育所や幼稚園には通っていなかったので、N子の生活は里母と一心同体のような日常状況にあったが、そのことが却ってより密着度を要求しているようにも思われた。

里母が家族のための料理など、家事をしている間にも、「抱っこ」と「おんぶ」の要求は続き、「今家事をしているから少し待っていてね」という言葉には、まったく聞く耳を持たなかった。ついに、里母は家事ができなくなりお手上げ状態になってしまった。

この窮地を乗り越えるために工夫した方法が、おんぶバンドの購入であった。里母は今では利用者が少なくなってほとんど見かけることもなくなってしまったおんぶバンドを店で購入し、N子を背負いながら家事をする生活に切り替えたのである。筆者（里父）は外での仕事の関係で里子との密着的役割はあまり取れなかったが、その分この時期における里母の役割は極めて大切であることを改めて実感した。

また、要求がかなえられない中、怒りと癇癪《かんしゃく》の涙でぐちゃぐちゃに崩れた表情が、背中に背負われたとたんに安らかな満足の表情に変わるのを見るにつけ、不安を抱えた子どもには、大人の肌での密着とぬくもりを与えることが最も必要なことであることを実感する体験となった。

このような関わりが推移していく中で、N子に顕著な変化が見られた。それは毎晩決まって生じていた夜泣きと、夜驚（夜、夢などで怯える様子）の消失である。

N子が筆者の家に来て以来、多少のなじみは日とともに増していたが、夜、寝た後に決まって生じていたのが夜泣きと夜驚であった。夜中の12時前後に突如驚いたようなしぐさとともに火がついたように大泣きを始めるのである。そばで寝ている里母がすぐに抱っこしてなだめるのであるが、子どもにとっては夢の中での出来事であるため、収まるまでにそれなりの時間を要するのが常であった。

しかし、日常の退行とそれに対するスキンシップをベースにした受け止めは、効果てきめんで、あれだけ激しく毎晩生じていた夜泣きと夜驚が、数か月を経過する中で、嘘のように消失してしまったのである。

3歳で実親の元を離れ、養育先が転々としたのち筆者が勤務していた児童相談所の一時保護所にたどり着いたN子の心の中には、耐え難い怒りと悲しみがあふれ、夜、意識が遠のいたときに、恐ろしい夢となって日々N子に襲いかかっていたのだろうと思う。夜泣きと夜驚が消失した後のN子は、今度は夢の中で笑いを示すようにもなっていた。この子どもの変化を目の当たりにすると、子どもは自分の置かれた環境に本当に素直に反応するものだという思いを強く実感することになった。

しかし、里母がおんぶをしながら家事をこなすという日常は、少なくとも数か月は続いた。ただ、3歳というとそれなりに重いので、里母はその後腰痛に見舞われるという苦労が生じた。通常、退行や試し行動は数か月から半年程度は続くとの覚悟が里親には求められるし、その要求に十分こたえきれないときはその期間が却って長引く可能性があることにも留意がいる。

なお、子どもによって退行の具体的要求や行動は様々で、いろいろな里親家庭の体験談をうかがうと、皆相当の苦労をされたのだということがよく理解できる。

ある事例では、年長の幼児がコップのお茶をまるで赤ちゃんのように哺乳瓶に入れて飲むことにこだわったり、おしめをしてほしいとねだる者もいる。また、里母のおっぱいを求めたり、ときには里母のおなかに乗り、里母から生まれるような出産の模擬遊びを何度も要求する者もいる。

これらの現象は、冷静に考えると、里子の年齢が大きいだけに気持ちが悪いと受け止める人がいるが、その子には新たな養育者との間で新しい親子関係を形成するために、もう一度赤ちゃんからやり直すプロセスが、とても重要な成長と回復の意味を伴って、必要不可欠な存在であることを実感させる。

最後に、自らが小学生時期に施設から里親家庭に移り、里子として育ったある女性の言葉を紹介しておくことにしよう。

「まず、何歳で里子を引き取ったとしても、生まれたての赤ん坊から育てなおすつもりで接してあげてほしいと思います。年齢や体が大きくなっていたとしても、家庭での愛情やぬくもりを知らない赤ん坊のようなものなのです。本人の気が済むまで赤ん坊に戻らせて甘えさせてあげてください。そこからお互いに信頼感が芽生え、里子は心の自立ができてくるのだと思います。そして、小さい子どもに教えるように物事の善悪を教えてあげてください。施設での常識は、一般社会での常識とは異なる部分が多々あるのです[2]」

②試し行動

「試し行動」というネーミングが適切なのかどうかという議論が一つにはある。子どもは意図して大人を試そうとしているのではないからである。むしろ、子どもにとっては新たな大人との愛着を模索する行動の意味合いが強いと考えられるが、しかし、大人側からすると、まさに自分が試されているように感じることが多いこともあって、このネーミングが社会的養護の世界では一般的に使用されている。

この試し行動は、先に触れた退行現象と一体的な形で現れることが多い。執拗で際限のない要求やこだわり。一向に耳に入らない注意や助言。ときにはへきえきとするような聞き分けのなさ。さらには、里親に対する怒りの表現や度を越えた攻撃的行動等々。まさに、里親側の忍耐と寛容が問われることになる一つの山場の現象といってよいかもしれない。

これも筆者の体験を多少紹介することにしよう。

先に触れた退行的要求の執拗さと連動し、食べ物の好き嫌いの表現、嫌いなものは一切食べようとしない頑固さなどは当初の時期と打って変わった態度や様相を示すようになった。また、里母と買い物に行った折には、「あれを買ってほしい」「これを買ってほしい」という要求が執拗で、「同じものが家にあるでしょ」という説明も耳に入らず、聞き入れてもらえないとわかると、道端に寝転がり大泣きを繰り返すので、周りの人たちがみな遠巻きに眺めるという困難に何度も窮すると里母が訴えることが増えた。

共に生活をしていたわが家の3人の実子は、異口同音に「なんてわがままな子なんだ」「このわがままをそのまま受け入れていると、将来手の付けられない子になる」「もっときびしくしつけて育てる必要があるのではないか」と筆者たちに訴えてきたが、それが、常識的な一般の大人たちの感覚なのだろう。

しかし、この感覚が、似通った子どもの反応を引き起こすことになる、連れ子を伴うステップファミリー、さらには施設から引き取った子どもたちの困った言動への親側の誤った態度、つまり、厳しいしつけで子どもの言動をコントロールしようとする意図に通じているので注意がいる。

これら親にとって困る言動への基本的態度は、厳しいしつけと罰で対処しようとすることではなく、できる限りおおらか、おおような態度で受け止め、安心で安全な大人のイメージを子どもの肌感覚に刷り込み育成することと、粘り強い時間をかけた行動の修正作業なのである。

このあたりの試し行動に対処する大変さは、公益社団法人 家庭養護促進協会が編集している冊子にも多くの事例が取り上げられているのでその一部を紹介することにしよう。

2歳過ぎの女児まいちゃんを乳児院から引き取ったSご夫妻の事例である。

「引き取って3か月たった頃、里母から『しんどい』と電話がありました。1週間ほどわがまま三昧で、何をやっても泣く。抱っこしてというので抱っこすれば『嫌!』と突き放される。かといって抱っこはしてほしい。水遊びが大好きで、歯みがきのときに水遊びをしたがる。里母からすれば、洗面所を水浸しにされるのは絶対に嫌だという思いもあって、まさにまいちゃんとの根比べ。それに続いて、まいちゃんが遊び食べをしているのに里父が『座って食べろ!』と思わず怒鳴ってしまい、その声に驚いたまいちゃんが里父を怖がって近づかなくなったというのです。里父はまいちゃんを引き取ってから、自分で朝食の支度をして出勤していました。疲れて家に帰ってきたら家中散らかっています。そんな中、まいちゃんがなかなか自分になつかない。里母はまいちゃんの甘えや行動に、『この子も私たちに馴染もうと一生けん命頑張っている』と思えたことで、『あきらめ』られるようになったものの、接する時間の短い里父はどうしてもまいちゃんのペースに慣れることができなかったのでしょう。里母からすれば、里父にできるだけ早く仕事から帰ってきてもらって、子育てをバトンタッチしてほしいのに、まいちゃんになついてもらえない里父は帰りが遅くなってしまう日もあり、喧嘩をしたことも。でも、怒鳴ってしまった後のまいちゃんの怖がりぶりを見て、『これではいけない』と思ってくれ、里父も仕事から早く帰ってきて、子育てに協力してくれるようになったそうです。

そんな中、里母から『シチューを作ったら喜んで食べてくれたんです！　やっと、ご飯を食べてくれたんです』という喜びの電話があったのは、引き取ってから5か月目。その頃からまいちゃんも『お父さん大好きっ子』になり、里父もまいちゃんのことがかわいくて仕方がない『メロメロお父さん』になりました」[3]

2歳の後半にやはり乳児院から引き取られたのりちゃん（女児）の事例。

「家に帰ってからは、出された食事はペロッと食べ、『いただきます』『ごちそうさま』がいえる本当に『いい子』でした。その後数日間はなかなか寝ないということ以外は、困ることもなかったようですが、引き取って一週間がたった頃から、家中の引き出しという引き出しを開け、手当たり次第に物を出すことが始まりました。そして、ご飯を食べたと思ったらすぐ『何か食べたい』といい出し、物を出している以外の時間は何か食べている過食が始まりました。里母は最初の1、2日は里父が帰ってくるまでに部屋をきれいに片づけていたのですが、ある日、里母から『片づけてもいいものだろうか』と相談がありました。

その頃ののりちゃんは、里父の前ではまだ『いい子』を演じていました。しかし、里父にものりちゃんの状況を分かってもらったほうがいいと、散らかっている部屋のままで里父の帰りを待ってみようということになりました。里父は、養親講座で聞いた『試しの時期』はのりちゃんには当てはまらないと思っていた（誰しも最初はそう思う）ようですが、帰宅し、散らかり放題の部屋を見て、『やっぱり、うちののりちゃんも！』と気づいてくれたようです。すると今度は、里母だけに出していた『試し行動』を里父に対しても出すようになりました。

まるでエイリアンのように大人の何人分も食べる過食も、食べるのに飽きて、お茶やお菓子を床にまき散らすのも、里母が『もうどうにでもなれ！』とのりちゃんの要求に応じてくれたこと、里父ののりちゃんへの理解もあって5日くらいでおさまりました。

その後に始まったのが、抱っこ、噛む、叩く、でした。何か気に入らないときに噛みついたり、叩いたり、里父に包丁を持って向かっていったり。どこかに行くときは、いつも抱っこです。でも、里父母とも、『これを受けてあげなければ』と思って、しっかりと引き受けてくれたおかげで徐々におさまっていったようです。

私が委託後の家庭訪問に行ったときは、部屋の隅っこから『のりちゃんおいで、おいで』と里母がいうと、のりちゃんが走ってきて、里母に飛びつく。飛びついたら里母は『のりちゃん好き好き』と抱っこをしながらいう、という遊びが毎日何十回し続けられていて、里母は腰痛と腱鞘炎に悩まされていました。

のりちゃんはとても活発な子で、食事の時間以外は外で遊ぶ毎日で、里母はそんなのりちゃんに頑張ってつきあっていました。一方、里父は、里父のできる限りの家事を手伝ってくれ、週末は里母と交代して1日中のりちゃんと過ごしました。1日何十回も繰り返される単調な遊びにも文句をいわず付き合ってくれました。

のりちゃんは食事の支度をする里母の横で椅子に乗ってお皿を洗ったり、拭いたりするのが大好きでした。それに、里母に『○○を作ってほしい』とリクエストをして、喜んで食べるので、里母ものりちゃんと一緒に家事を楽しんでできたようです。甘えたいのりちゃんと、手伝いをしたいのりちゃんに、最初、里母もとまどっただろうと思いますが、引き取って半年ほどたった頃から、ずいぶん落ち着いてきました。

のりちゃんは4歳から幼稚園に通っています。幼稚園では『世話焼きのりちゃん』ですが、赤ちゃんになって抱っこをせがむこともまだまだ続いています。でも、少しずつ等身大ののりちゃんになってきたようです。

養子縁組が整ったころから、『お母さん（養母）は会いに来てくれたとき、全然抱っこしてくれなかった』、『うちに帰ってきた日は暗くて、雨が降ってて怖かった』、『のりちゃんは昔ひとりぼっちだったけど、今はお父さんとお母さんがいて寂しくない』とぽつりぽつりと話をしてくれるそうです。養母はそれを聞きながら、乳児院で保育士さんやたくさんの友だちに囲まれて、楽しそうにしていたと思っていたのりちゃんが、2歳という年齢でいろいろと考えていたんだなあと思ったといいます[▼4]」


さて、これらの事例の中にも触れられているように、試し行動の中には、かなり激しい里親への攻撃的言動が示されることも多い。むろん、この攻撃はそれだけが独立して長く続くというより、甘えや退行などと入り混じって生じることが多いが、何かの拍子にいきなり里子が癇癪や怒りを爆発させ、里親が驚くような攻撃に出ることもある。

このあたりのことを、公益社団法人 家庭養護促進協会 大阪事務所の田邉敦子は、法人の月刊冊子「あたらしいふれあい」の中で、次のような鋭い指摘を行っている。

「家庭に迎えられた当初、子どもが里親に対して、叩いたり、蹴ったり、噛んだり、または物を投げたり等の攻撃的な行動をとることがある。里母（父）の些細な行動に怒り出し、子どもとはいえ、相当な力がある。里親が受け止めてくれるのか確かめている。『試し行動』だけとは思えないくらい激しいときもある。力の加減がなく、驚くくらい攻撃的で、里母（父）にとって受け止めるのはなかなか辛い。『子どもがこんなことをするなんて』と怖くなられ、子どもが返されてきたことあった。

4歳のA君は、約一か月間里父母が施設へ実習に通い、何度か外泊を重ねて、先月から家庭で暮らしている。体格が良く、エネルギーの高いA君に里父母も毎日懸命に付き合っておられる。発達も早く、同年齢の子どもに比べると、器用でなんでもできる子だったので、関わり始めた当初は、『何でも自分でやる』と言っていた。そのA君が、里母にスキンシップを求めたり、『着替えさせて』といったり、少しずつ甘えを見せ、日に日に関係が深まっていた。家庭に迎えられ、一週間が経った頃、早朝に里父がトイレに行くため電気をつけたところ、A君が目を覚まし、怒り出したことがあった。普段から、ふざけると調子に乗るところがあり、その延長で里父母を叩くこともあったが、このときは少し違っていた。里父が叩くことをやめさせようと、A君の手を押さえたところ、さらに激しく怒り出してしまった。里母が『A、もうやめとき』というと、次には里母に向かってこようとしたので、里父がA君に叩かれることに耐え、おさまるまでの三十分以上、待つしかなかったのだと報告してくださった。

　この話を聞き、まだ眠いのに里父が電気をつけて目が覚めてしまったことを許せなかったことだけが、A君の怒りが収まらなかった原因とは思えなかった。たまたまこの時の様子を動画撮影されていて、見せてもらうことができた。目がつりあがり、うなりながら、ただひたすら里父の頭を叩き続けているA君は、何かにとても怒っているのだと感じられた。きっかけは里父の行動かもしれないが、その姿はそれだけではない怒りがあふれ出ているように見えた。その怒りが何かは、子どもが言葉で表現できる訳ではないので、はっきりとしたことは分からないが、おそらく今までためてきた怒りだろうと思う。以前、学校でケンカばかりして、すぐにキレてしまう子どもが、『今のちょっとした怒りに、今まで貯めてきた怒りがショートするねん。そしたら爆発するねん』と言ったことがあった。A君も産みの親から離され、施設という集団の中で我慢しなければいけないこともあっただろう。また子ども同士のやり取りや喧嘩で不本意だったこともあっただろう。乳児院から児童養護施設へ措置変更があり、大好きだった担当職員との別れもあった。そして、新しい親ができ、それまで暮らしてきた施設や職員と別れることになった。これまで生きてきた5年弱の間に、不本意なこと、理解できなかったことが一杯だったろうと思う。そういった怒りを、些細なきっかけで吐き出し、里父母さんにぶつけているように思えた。A君だけでなく、里父母を叩いたり、蹴ったりした子どもの場合も同様に、ものすごく激しい怒りを示すことが多かった。また、もっと小さな年齢で、激しく泣いたり、床に転がって泣いたりした子どももおり、これも怒りを表出していたのだろうと思う。

『愛の手』[5]の子どもたちには、どの年齢であっても、これまで貯めてきた怒りがあり、親密な関係を築きつつある里父母にぶつけ、受け止めてもらい、癒されていく。今回、A君の様子を見て、改めて子どもの怒りの激しさ、受け止めるしんどさを痛感した。それとともに、この怒りをずっと一人で抱えていくのではなく、発散させ、また癒されることが必要であると思った。そして発散させるためには、受け止める存在が必要なのだと実感した」[6]

（4）愛情の独占欲求と嫉妬

退行と試し行動が続きつつも、子どもと里親との関係が徐々に深まり親密さが増していくにつれ、子どもには激しい愛情の独占欲求が生じ、また嫉妬の感情が芽生えることになる。里母や里父の愛情と関心を独り占めにしたいという欲求は、一方で嫌われるとまた捨てられてしまうという親子分離の実体験からくる恐れの感情とも裏腹になっている。

この感情の存在は、里親に年齢の近い実子がいたり、あるいは複数の里子が同時に預けられているようなときに、なかなか対応が難しい事態を引き起こすこともある。したがって、実務では実子のある里親さんに対しては、普通、年齢の近い里子を預けるときには慎重な配慮や見極めがいるし、新たに別の子どもを複数の状態で委託するときも同じような慎重さが求められる。さもないと、それぞれが親の愛情を取り合うライバルとして張り合い、執拗な争いの中で混乱をきたしてしまうことも少なくなく、ときには一人を引き上げない限り収集がつかなくなるというケースも存在するからである。

この愛情の独占と嫉妬に関しても筆者の体験を紹介することにしよう。

わが家のN子は、里父と里母に対して、常に「N子のことが好きか?」という問いかけをしなくてはいられないようであった。「好きだよ」と返答すると安心をした表情に変わり、納得がいくようであったが、折に触れて確認しないと不安な気持ちに襲われるようであった。

この気持ちの背後には、「N子はお母さんに嫌われたから捨てられた」という子ども特有のぬぐいきれない、見捨てられ感情と結びついている様子がうかがえた。

普段のテレビで、子どもが登場し、何気なく「可愛い子どもだなー」とでもいったときは大騒動になった。「よその子どもを可愛いなんていったらダメ!」、「おじちゃんとおばちゃん(わが家では私たちのことを最初からそのように呼称)はN子だけを可愛がれ!」と露骨に不機嫌になって私たちを責めた。

ある日、わが家に保管してあった家族のアルバムを見つけ、N子はそのページをめくって見ていた。ところが、里母が幼い実子を抱っこしている写真を見つけると、そのアルバムを投げ捨てて大泣きをした。「おばちゃんが他の子どもを抱っこしているような写真は見たくない！」「N子が抱っこしてほしい」とすねまくった。

この愛情の独占欲求は、退行や試し行動がそれなりの収まりを示して以降も長く続いた。小学校に上がる年齢になると、何人かの友だちを家に連れてくることがあったが、筆者たちがその友だちに話しかけ少しでも親しそうなそぶりを見せると、途端にN子の表情が険しくなり、機嫌が悪くなった。ときに、友だちを誘って一緒に遊びに行っても、筆者のすぐ隣には自分だけが座ることにこだわった。つねに、自分だけに最大限の愛情を注いでほしいという欲求は、かなり根強いものがあるというのが実感であった。

筆者の家庭では里子は一人だけであったが、同性の実子（年齢は16歳ほど離れている）とは、親の愛情や関心をめぐって多少ライバル意識が生じた。N子は「Sちゃん（同性の実子）を外においだそう」と告げ口に来たりしたし、またS子も長くN子を預かり続けていることを内心快く思っていなかった。

複数の子どもを預かっている里親家庭では、ときに子ども間の愛情独占の処理に苦労をされている話を伺うことがある。筆者がかって講演で聞く機会があった、ある東北地方の里親さんの話には、この問題に対処する大きなヒントが隠されているように感じた。
5人ほどの里子を同時に養育されていた腰の据わった肝っ玉母さん的な里母さんは、そのヒントを次のように語っておられた。

「どの子も同じように可愛いという言葉だけでは、皆満足できないようでした。だから私はどの子にも必ず一対一の時間を作りました。その一対一の時間に、あなたが一番かわいいというメッセージを伝えました。このようにいうと単なるリップサービスを乱発しているように思われるかもしれませんが、一対一になったときはその子がかわいいと思うので、決して嘘ではありません。こうすることで皆満足感を得て気持ちが安定するのがわかりました」

なお、この愛情をめぐってのライバル関係は必ずしも人間だけに限らないことにも注意がいる。よく座敷などでペットとして犬が飼われていることがあるが、犬も嫉妬することがしばしばみられる。新たに幼い子どもが里子としてやってきて、家族の関心がその里子に集中するとき、ペットの犬が嫉妬して、里子を攻撃したり、また逆にペットの体調が悪くなってしまったりの現象が生じることがある。
人間が持つ愛情をめぐっての嫉妬感情は、何も人間だけに限られたものでないことを理解すれば、かなり動物的・原始的感覚に近いものであるとの認識がいる。また、それだけに後天的に獲得した理性や理屈ではコントロールしきれない要素があることを十分理解し、適切な配慮が求められる、ある意味厄介な存在としての認識がいることになる。

(5)スキンシップと受容

子どもたちが退行や試し行動を示し、また愛情の独占を求めて不安定な言動や、混乱反応を示しているとき、最も効果のある対処の仕方は、おんぶや抱っこなどの肌で直接的に接して子どもを受け止める方法であった。要求がかなえられずに泣き叫んでいたわが家のN子も、里母に抱っこされたり、背中に背負われたりすることによって、表情が一変した。あれだけ顔をくしゃくしゃにして泣いていたのに、背負われると途端に表情が安らぎ、満足そうな優しげな顔つきになった。

子どもにとっては求める大人の体温を肌に感じ、一体的に包み込んでもらえているという絶対的な安心感が、その不安な気持ちを癒やすためには必要不可欠な条件なのであろう。決して言葉かけだけでは得られない、動物的・生理的何かがそこには存在しているように感じられた。

ところで、世界的に支持されている子どもの発達理論の学説の一つに、アメリカの発達心理学者、エリクソンの発達理論がある。エリクソンの発達理論については、大学などの講義でも取り上げられることが多いので、知っている人も多いと思う。その発達理論の特徴は単に子ども時代の発達に限らず、人の一生を8段階に分け、成人以降も発達していく存在としてとらえたことと、基本的信頼、自我同一性（アイデンティティ）などのキーとなる概念を、ある発達段階のメイン課題として提示したことで知られている。

この発達理論によれば、乳児期、つまり、人の存在がまったく無力で100パーセント他者に依存しなければ生命の維持が不可能である状況下において、親から無償の愛情と世話を受けることで、この時期の最も重要な発達課題、他者と外界に対する基本的信頼感を獲得すると説いた。

そして、その信頼感と安心感を土台にしつつ、成長のステップに応じて、自律性、自発性、勤勉性、自我同一性（アイデンティティ）などの、ライフサイクルに応じた重要な発達課題を獲得していくことになる。

つまり、すべての発達課題を確立し、成長していくための土台は、他者に対する基本的信頼と安心感が土台になっていることを、この理論の大切な教えとして改めて重視する必要がある。ところが、中途養育の子育てにおいては、やってくる子はすでに赤ちゃんではないため、この土台の形成が重視されなかったり、配慮されないためにうまくいかないことが多々生じているという現実が、社会の理解としていきわたっていない。

里親に委託された子どもが、新たな親との関係形成のため、ほぼ例外なく退行現象が生じるのも、再度土台のレベルまでさかのぼって、基本的信頼と安心の関係を一から作り上げようとしていると理解する必要がある。

いかに年齢が大きくなっていたとしても、土台の再形成は以降の健全な親子関係育成のために避けて通れない道筋であることを、十分に理解し承知しておく必要がある。

そして、この基本を理解すれば、退行や、試し行動、それに愛情の独占欲求などの一見厄介で手間暇を要する言動には、それにこそ意味のある言動として、極力受容の姿勢をとることが望ましいということがわかる。中途養育の場合、子どもの年齢がそれだけ高く、状況によれば全面受け止めは難しく、一定の制限や抑止をかけなければならないようなときもあり得るが、極力おおらかでおおような姿勢と、受容の精神で対処することが大切になる。間違っても、罰と強い叱責をよりどころにしたしつけで、子どもの行動をコントロールしようとはしないことが、新たな親子関係の形成にとって極めて大切であることを肝に銘じる必要がある。

（6）安定と境遇の整理

子どもが、新たな親と新たな養育環境の中でなじみを深め、それなりの安定感が増してきたと感じられるようになると、次にどのような作業を展開することになるのだろうか。

実は、子どもは、「なぜ自分がこの家にやってきたのか」「自分の身と家族の生活に何が起こったのか」、子どもは、子どもなりの思考と発想で、必死に身の上に生じた出来事を整理し考え、自分なりの答えと納得を得ようとの作業を展開することになる。

この境遇の整理と納得がうまくいくか、それともそれがうまくいかず当初の実親からの見捨てられ感が、そのまま尾を引いて成長していくことになるのかは、子どもの将来の生きる姿勢や態度に決定的な差異を生み出す結果になる。

これも筆者の体験に基づいた話を紹介することにしよう。

それなりに新しい養育者と新たな環境になじみが深まり、日常の生活姿勢に安定感が増すにつれ、わが家のN子は、しきりに筆者たちに問いかけを繰り返すようになった。「なぜN子はこの家に来たのか」。また、N子は児童相談所の一時保護所から移ってきたこともあって、「ここには次々と新しい子どもが来るのか」などと問うことも多かった。「次々と違う子がやってくることはない」「この家で暮らすのはN子だけ」という説明には、訳がわからないようで、なぜ自分だけがこの新たな家に来ることになったのか不思議でたまらないという様子であった。

筆者にとっても、事情を抱えて家族から分離され、一時保護所で泣いていたN子を、不憫《ふびん》に感じて自らが里親になって引き取ったという説明は、まだ幼児のN子にはしにくく、「あなたがかわいかったから来てもらった」という半ば大人の都合の良い説明でごまかしていた。

しかし、あるときN子を伴って近くに散歩に出かけたとき、並んで歩いていたN子は唐突に口を開いた。「おじちゃん、赤ちゃんはどのようにして育つか知ってる?」という問いかけであった。

筆者はすぐには問いかけの意味がわからず、「どういうこと?」と逆に聞き返した。するとN子は、「赤ちゃんは生まれたその家で育つのではない」と答えた。筆者が「どうして?」と再度聞き返すと、N子は続けた。「赤ちゃんは少し大きくなったとき、知らない人がやってくる」「そして、その知らない人がこの赤ちゃんかわいいなといってもらっていく」「赤ちゃんはそのもらわれた人のうちで育つ」のだという。そして、「それでいいのだ」とその育ち方を納得する。

このN子の話は、筆者にはあまりにも唐突であったためか、とっさに理解し飲み込むことができにくかったが、よく考えると、N子は、自分の身に起こった理不尽で、不思議で、悲しく辛い出来事、一緒に暮らしていた家族と突如離れて暮らさざるを得ない自らの境遇を、自分なりに必死に説明し、納得しようとしていることがわかった。

「かわいいから来てもらった」という大人の都合の良い説明も、自分にあてはめ、赤ちゃんが育っていく道筋として理解し納得しようとしていたのである。

これらの多くの子どもからの問いかけ、つまり、お母さんや元の家族メンバーのこと、元の家に置いてきたおもちゃや自転車のこと、以前通っていた保育所のこと、そして、一時保護所のこと、この里親の家にたどり着いたときのこと、そして、これからの生活のこと、等々については、日常のその時々の出来事の中で、繰り返しの問いかけや、そのときの率直な思いの打ち明けとして語られることが多かった。

これらの問いかけには正確に答えることが難しいものもあったが、できる限り事実に即し、また幼児の理解に合わせ、しかも誰もがN子を大切に思っているというメッセージを伝えることを基本にして説明をし、またその語る話に誠実に耳を傾ける姿勢が大切であるように感じた。

このようなやり取りを通して、N子は、後にかなり事実に即した自分の境遇を語ることができるようになった。

「N子はこれまでお母さんと、お父さんと、2人のお姉ちゃんと5人で暮らしていた」「しかし、ある日お母さんが病気で亡くなってしまった」「そのため家族で一緒に暮らすことができなくなってしまった」「したがって、今上のお姉ちゃんは、○○で暮らしている」「下のお姉ちゃんは○○で暮らしている」「N子は今、津崎さんの家で暮らしている」「お父さんはお母さんをいじめていたから会わなくてよい」「N子はこれからもここで暮らす」と自らの境遇を説明し、ここで暮らしていくことと、家庭事情についての子どもなりの納得について語るのである。

そして、わが家に置かれている仏壇の前に座り、小さい手を合わせ、「お母さん、見ててね」「今、N子は津崎さんの家で暮らしているから」と語りかけているのである。

（7）今の納得と現実課題への取り組み

前記に示したように、突如理不尽でショッキングな実親や家族との分離を体験した子どもにとっては、新たな愛着対象と安定の場を補償することと、身上に起こった出来事を子どもなりに納得のいく形で整理し、自分の言葉で語れる（ストーリーとして語る）ようになることは極めて大切で重要な作業になる。

子どもにとっては、訳がわからず、ただ嫌われ見捨てられたという感覚と感情だけを引きずって今の状況を暮らしているとすれば、絶望とみじめさだけが募り、現実や将来の課題に向き合う力は生まれてこない。

自分だけではどうすることもできない見捨てられの感情から這い上がることができる唯一の方法は、自分に理解と愛情を与えてくれる代替的保護者の存在と、分離体験の本来の意味、つまり、嫌われ捨てられたのではなく、そのときの実親の行き詰った状況下で、あなたに良かれと思ってとられた選択が、あなたの場合、分離という現実と、里親、あるいは施設での生活であることを正しく理解し納得することにある。

訳のわからないまま、ショックとともに分断され、壊された家族、遮断された現実の生活、自己の否定、そしてなじみのない新たな環境と見知らぬ人々、これらの一連の出来事を、子どもの主体と視線に立ち、子どもにとって意味のある連続した出来事につむぐ作業、そして自分の理解と納得のいく形に再編集する作業の大切さが、今ようやく注視され始めている。

親から分離された子どもにとって、この境遇の整理と認識の転換の作業が大切であることが、近年イギリスなどで重要視され、その考えのもと生み出された作業プログラム、ライフ・ストーリー・ワーク（子どもの生い立ちを事実に基づいて整理し再編集していく作業）が、日本にも最近取り込まれ、いくつかの施設などで試行的取り組みが始まってきている。

しかし、里親など個人家庭では、日常の生活の中で、子どもを個別に受け止めて安心感を与え、かつ暮らしの中で子どもが発する思いや問いかけに誠実に答える態度をとっていれば、子どもは自らこの作業を行う力を備えているように感じる。

逆に現実の生活の中で混乱し、対人的にもトラブルが尽きない子どもたちの中には、見捨てられ感情がぬぐいきれず、また新たな理解と愛情のある代替的保護者を得ることができないまま、日々心の葛藤と混乱に振り回され続けている状態とみなすことが必要かもしれない。

（8）思春期の揺れと反抗、試行錯誤

里親家庭での受け止めが成功し、安定期に入ったとしても、小さなトラブルが日常的に起こり得ることは一定の覚悟がいる。養育里親の場合、里親と里子との名前が違うことなどから実の親ではないことを学校の友人に指摘されたり、クラスの授業で自分の家族についての作文を書くよう指示され困惑したり、里親家庭の医療受診券を医療機関が扱いなれていなかったり、実親との養育方針にズレが生じたりの日々の生活上の出来事は、数えあげるときりがないかもしれない。

しかし、基本の里親・子関係さえ安定していれば、これらのことで養育体制が大きくつまずくことはない。だがこれも、里子が中学校年齢になり、思春期のさなかに入るようになると、様相が一変することが多い。

一般家庭の実子においても、思春期には親子関係の性質がこれまでとは大きく変動し、反抗的になる、あまり親と口を利かなくなる、行動が広がり夜間なかなか帰宅しない、服装が派手になる、また最近では携帯電話やスマートフォンの使用をめぐって親とトラブルになる、等々の混乱と戸惑いが、何らかの形で日常の親子問題として生じるのが普通の家庭の姿といってよいだろう。

しかし、里親・子関係についていえば、一般的には子どもの言動の揺れ幅が大きく、ときに

親子関係が破綻をきたしてしまうことも決して少なくない。

筆者自身も、3人の実子と1人の里子を育ててきたが、感覚的に表現すれば、実子の揺れが震度3程度と仮定すれば、里子の揺れは震度6に匹敵するくらいのインパクトがあった。つまり、実子の場合、生活そのものや家の枠組みが壊れてしまうほどの心配はなかったが、里子の場合、下手をすれば生活そのものや家の枠組みが壊れてしまうような不安を伴った。また、筆者たちが意識的、および無意識的に持っていた生活の質や価値、あるいはスタイル、程度などが、根底から覆る可能性と、最後は里子をとるのか、自分たちの生活の価値や枠組みをとるのかを迫られるような思いにも至った。

抽象的な表現はさておき、わが家のN子にはどのような言動が生じたのが具体的に披露することにしよう。

N子に大きな変化が現れるようになったのは、中学の3年になった頃からであった。思春期特有のお洒落への関心が高まり、化粧や服装、入浴などにこだわりを示すようになった。登校前の朝風呂は欠かさず、下手をすれば1日に3度入浴をするという日も珍しくなかった。また、一度の入浴時間も長く、実子とはよくもめごとを起こすようにもなっていた。

それでも、高校受験は何とか公立高校を目指し、地域では比較的伝統とネームバリューのある高校に入学できてそれなりの期待感も膨らんだ。1学年初期の実力試験では結果もよく、続けて頑張れば有名私立大学の合格範囲にあるとの評価も得られた。

しかし、その後事態は急速に変化していった。学校の規則では特別の事情がない限りアルバイトは原則禁止であったが、高校に入ったN子は待ちかねたようにアルバイトについた。友人のつてで見つけてきたアルバイトは、比較的時間給の高い大阪繁華街の夜間飲食業であった。連日のアルバイトのため、帰宅時間は夜12時を回ることも多くなってきた。帰宅後は必ずお風呂に入るため、寝る時間は深夜の2時、3時が常態になった。

当然、朝は起きづらく、起きるまでの対処にひと騒動するのが常になった。起きた後も必ず入浴しなければ登校しないので、いつしか大幅な遅刻の常習者になってしまった。

一方、アルバイトで手に入れたお金は、自らの洋服や靴、それに化粧グッズなどの買い物に費やされた。ほどなく、わが家の靴箱の大半はN子の靴に占領されることになった。

何とか2年への進級は、ぎりぎりのラインで可能になったが、2年になって以降のN子の行動は一層拍車がかかるようになった。終電車以降の深夜の帰宅のみならず、朝帰りもしばしばみられるようになってきた。

里父母が何度も注意し、話をしようにも聞く耳は持たず、むしろ反発と衝突、悪態を繰り返すようになった。当初は、夜帰ってこないN子を待ってこちらも寝ずに起きていたが、身体が持たなくなった。衝突のあげく、「こんな家出て行くと！」叫び、深夜に家を出て行こうとするので、必死に止めるような出来事も生じた。「今から一体どこへ行く気か？」と問いかけても「どこへ行こうとN子の勝手や！」と開き直った。

私たちの常識からすれば、高校生の女の子が深夜徘徊したり、外泊したりするのを認めることはできなかったが、実際的にはN子の養育をあきらめるか、それを黙認するかのどちらかの選択しかなかった。しかし、養育をあきらめたとき、N子が施設や、親族の家で安定できるかといえば、本人の特性や施設、あるいは親族の現状を踏まえれば不可能に思えた。結局あきらめることは、N子の人生をさらに困難な状況下に追いやることになると思えば、その選択はできなかった。

そうすると、なるようにしかならないとむしろ開き直って、N子に付き合う以外の道はなかった。

ついに、学校からも親と子どもの呼び出しがかかった。このままでは進級ができないという警告と、アルバイトをやめるようにとの勧告のための呼び出しであった。N子が1年遅れて学習する姿勢を保つことは不可能に思えたので、留年は即中退を意味することでもあった。学校の先生は、今は高校卒業の資格が最低限必要だから、それまではアルバイトを控えるようにと何度も説得を繰り返されたが、本人はまったく聞く耳を持たなかった。

「アルバイトをやめるくらいなら、高校をやめます」。本人の明確な意思表示に、誰もどうすることもできなかった。

しかし、せめて高校卒業の資格は取ってほしいとの思いは、里父母にとっても同じであったので、アルバイトと並列できる進路を考える以外手だてはなかった。2年の秋、N子は里父母の提案を受け入れ全日制の高校を退学して、通信制の高校へ転学の手続きを取った。まさに、アルバイトを主に、勉学を従にした生活への切り替えであった。

これにより、何とか無事に高校卒業の資格は手にすることはできたが、誰が見ても高校生には見えない派手ないでたちのN子の姿と、時間に縛られない奔放な行動の若い女性が出来上がった。しかし、家を出ての自立は本人も望むところではないようで、高校卒業後はファッション系の専門学校へ進むことになった。

わが家の里子の例に限らず、思春期の対応については、ほぼどの里親家庭でも苦労があり、家庭養護促進協会作成の冊子にも、多くの事例が掲載されているので、その一つを紹介しておくことにしよう。

「みさちゃんは、小さいときから華奢《きゃしゃ》で、おとなしい子どもでした。多少過保護な養母にしっかりと守られて育てられたので、いつも母親と一緒でなければどこへも行けない子どもだったのです。毎夏の里親会がやる親子での宿泊研修には必ず母親と共に参加していたのですが、協会主催の子どもだけで行くキャンプには参加できませんでした。

2歳で引き取られ、順調に小学校を終えました。中学に入って、1年生はどうにか無事に過ごしました。運動神経もよく、ずっとスイミングに休まず通っていたし、音楽が好きな子どもで、歌も上手だし、音感が抜群によいのだと、母親は嬉しそうでした。その中学校には、器楽合奏クラブがあり、いつも全国大会に出場するほどのレベルだったのです。友人と共にみさちゃんは、当然その器楽合奏クラブに入ったのですが、練習はとても厳しいものでした。コンクールを控えて、練習は休日にも及びます。音感がよく、運動神経も良いところを見込まれて、彼女は大太鼓を受け持たされていました。女の子にとって、太鼓は少し格好悪かったけれども、他に適任者がいないと言われて頑張っていたようです。

しかし、母親にいつも守られていて、自分で考え、判断することを訓練されてこなかった彼女にとって、厳しいクラブの練習は、単純に音楽が得意というだけではついていけるほど生易しいものではなかったのでしょう。口うるさい母親の小言は慣れてしまえば聞き流していてもすむけれども、教師やとりわけ伝統を守ろうとする先輩達からの特訓は、厳しく叱責された経験のないみさちゃんにとっては初めての辛い体験になったようです。クラブに行くのが苦痛になり、学校を休み始めました。大事なパートを受け持っているのだから、教師も友人もその父兄からも練習に出てきてくれるように懇願されるのですが、みさちゃんは聞き入れませんでした。思春期に突入し、自我の形成過程でのこの挫折は、彼女を頑固にし、内にこもらせてしまう結果になったようでした。

今まで、親の思い通りになっていた娘がろくに口も利かなくなり、部屋に立てこもり、学校に行かないばかりか、部屋からも出てこなくなって、母親は混乱しました。たまに学校に出かけても、帰ってくると自室に閉じこもり、持たせた弁当箱を返さないので、気がつくと7つも8つもカビを生えさせてしまうのです。掃除も洗濯もさせない。夜中に出てきて台所で好きなものを作るのはいいとしても、汚し放題。母親ばかりでなく父親も怒りはじめると、家具で内側からバリケードを築き、トイレにも下りてこなくなったのです。それでもどうかしてプイと出かけるので、部屋に入ってみると、まるでゴミの山……。下着にしろ布団にしろ、汚れると母親が買い置きをしている新しいのを引っ張り出して、まったくの使い捨て状態にあったといいます。

母親は、児童相談所や、みさちゃんが暮らしていた施設や協会に相談しまくるのですが、それで子どもがどうにかなるわけではありません。どこに出かけても、まるで壊れた蓄音機のように、手の付けられない娘の行状を訴え続けるだけで、何をアドバイスしても、それをよく聞き、試行錯誤してみるだけのゆとりが当時の母親にはありませんでした。だから、相談できそうな人や、手当たり次第に相談機関を駆け回るだけで、どこの先生とも信頼関係が作れないでいました。

それでも学校や児童相談所の指導と、親や本人の頑張りで、高校卒業間際には少々落ち着き、専門学校に進学したいと言うようになりました。専門学校も真面目に通っていた1学期は成績もよかったので、追試さえ受けてくれれば進級できるというのに、2年になる前に中退してしまったのです。外に出て、当然に交友関係が広まったことで、今度は家に寄り付かなくなっていきました。夜になると出かける。金遣いが荒くなる。小遣いを渡さないと、家のお金を持ち出す。母親が貯金通帳やすべての財産をいつも肌身離さず持ち歩くようになったら、記念硬貨や有価証券を持ち出して処分してしまう。叱れば、親の言葉の5倍くらい激しい悪態が帰ってくるし、手をかければ刃物を持ち出しての喧嘩になる……。

大人しかった子どもの豹変に、親の気力はついていきません。友人のアパートで生活するといって聞かず、唯一連絡のための携帯電話も母親からだとわかると切られてしまうことが多くなりました」[7]

この実例を見ていただいてわかるように、里親にとっては思春期への対応は、委託初期の試し行動の時期に続く、第二の山場としての試練の場になることが多い。さらに思春期は、体力があり、行動範囲が格段に広がる時期でもあるので、より一層困難度が増すことが少なくない。事実この時期に里親が里子の養育に自信をなくし、結果的には施設への委託変更が行われることも稀とはいえない。

この時期の子どもの試行錯誤を見ていると、里子の心の根底に存在する孤独感と自分の境遇に対する揺り戻し的混乱が生じているように感じる。これまで里親家庭の中で長年にわたって暮らしてきた実績があったとしても、どこか実子とは同じではない、深い孤独感が影を落としているのではないかとの印象がぬぐえない。

この子どもたちの共通の行動として、気の合う友人を得れば、距離感のない交友とべったりとした関係に陥りやすい特徴がある。その分却って衝突したり、トラブルにつながったりすることも多いが、一定の距離と節度のある友人としての安定感がなく、寝泊りも含め一心同体的な密着関係を求めるのである。そこには自分は一人ではないという何らかの実感を得ようとする心理的補償作用が働いているように感じることが多い。

また養子里親の場合、実親と会いたいという思いが高まるのもこの時期である。長年わが子として育ててきた里親にとってみれば、里子のこの思いの表明は心中穏やかではない。これだけ可愛がって育ててきたのに、それでも子どもは実親を慕うのかという、疑心暗鬼に駆られたりする気持ちがわいてくるからである。

しかし、結論からいうと、この里子の思いや行動を封じ込めるのはよくない。むしろ、その思いに協力し、可能であれば会うことも許容するおおらかな態度が、後の関係を確かにするための最も良い方法ということになる。仮に会うことが実現した場合、子どもは実親にどのような反応をすることになるのだろうか。

多くの場合、子どもは実親に幻想的な期待を抱いている。思春期になり里親と衝突することが増えたりしていれば、実親であればもう少し理解が得られるのではないかとの思いが募ったりしていることも少なくないからである。

しかし、10～20年のブランクを経て出会う実親は、里子の期待とは大きくずれているだけでなく、親としての実感や愛着の感情がわかないというのが現実であるようだ。そして、この現実体験を通して、里子は自分の期待が幻想であったことに初めて気づき、また、自分の親としてのよりどころは、里親と、自分が育ってきたその家庭であることを改めて確知することになる。これらの作業を通して、新たな里親と里子の関係は一つ上の段階に到達することが多いのである。

（9）里親・子関係の再構築と自立

思春期につまずき、いったん破綻して失敗したかに見える里親・子関係が、試行錯誤と一定の時を経て、修復に向かうケースも少なくない。中には、一時期非行に走って家を飛び出し、児童自立支援施設[8]での入所生活が余儀なくなったある少年は、青年期に入って再び里親家庭に戻り、今では里親の家業の立派な後継者に育っているケースもある。

わが家のN子も、ファッション系の専門学校に入学し、今は留学を目指すコースに籍を置いている。1年後の留学というだけあって、平日の午前は連日英語の勉強のようで、ネイティブの講師による一切日本語を使わない学習に取り組んでいる。これまでの生活態度を考えれば、夏までとうてい持たないだろうと予測していたが、この予測は今のところいい方向に裏切られる結果になった。

将来、留学を果たしファッショングッズのバイヤーになりたいという、本人なりの目標もでき、それなりに頑張ろうという姿勢も見せ始めている。この思いと行動がどこまで持続し、そして具体の成果として実を結ぶのかは、まったくの未知数である。しかし、一時よりは行動に落ち着きが見られ、思春期の揺れの山場をやや越えたのではないかとの印象を感じるのは、親のひいき目だけではないようにも思う。しかし、今後も決して平たんな行程ではありえず、いくつかの山を共に歩んでいくことしか、筆者たちに与えられた道はないようにも思う。

ところで、みさちゃんのその後を紹介しておくことにしよう。

「みさちゃんは友人と万引き事件で捕まり、鑑別所に送られてしまいました。保護観察処分となって家に帰ってきたものの、おとなしくしていたのはしばらくで、保護司のところへもだんだんに顔を出さなくなり、代わりに母親がせっせと相談に出かけるようになりました。でも、どうやらその頃が潮時になったようで、徐々に彼女の生活も収まり、気が付けば真面目な男性との交際が実って、一緒に暮らし始めていました。なかなかの美人になり、社交的なところもあって、二人して助け合いながら慎ましい生活を始めています。

母親に勧められて、みさちゃんは協会の飴売り▼[9]を2年手伝ってくれました。最初の年は、あんなに喧嘩ばかりしていた母親に付き添われてのボランティアでした。2年目も母親が連れてきたのですが、飴売りは一人で頑張ってくれました。婚姻届も出したというので、『どう？　二人の給料でやりくりしているの？』と聞くと、『ええ、何とか頑張って……』と答えていました。『まだお母さんと喧嘩している？』と聞いたら、『いいえ、離れてみれば喧嘩する種もないし、今ではなんでも相談しています』といって、はにかんで見せてくれました。

子どもが成長し、独り立ちするまでの道のりは大変です。小さいときから割合、親の手中におさまっていた子どもほど、そこからの独立戦争は過激なものにならざるを得ません。どの子も、その荒れている最中には、『こんなことをしていてはいけない』と考えているように思えます。しかし、親の庇護から飛び出した世界はとても刺激的で、分かっていたって、なかなか抜け出せるものではないのです。そんな時に、いい男性やいい女性に出会えることで、立ち直るきっかけになることは多いようです。真剣に生きている親の姿が、そんな相手を見極めるときのモデルになっているように思えます。要は自分で育てた子どもの力を信じて、子どもの揺れに親も一緒に揺れながら付き合ってやることが必要なのではないかと、このドラマチックな親子の戦いを見ていていつも思います[10]」

かなり以前、筆者たちは里親家庭に行った子どもと里親たちの追跡調査を行ったことがある。古い調査であるため、正確な数値の記憶まではないが、特徴的だったのは、施設に入所した子どもたちに比べかなり高学歴であったことと、8割程度の里親、および里子が、「里子を育ててよかった」「里親家庭で育ってよかった」との感想を持たれていることだった。

筆者のこれまでの実務体験を踏まえれば、納得のいく結果であったが、そこへ到達するまでのプロセスは、どの家庭もそれぞれの大きなドラマを抱えての結果であることを十分かみしめる必要がある。

なお、施設の子どもとのもう一つの大きな違いは、委託解除後も一生の関わりになるという、親子関係の永続性の問題である。社会に出た後も、頼れる大人が身近に存在するのか、しないのかは、その後の子どもたち、そして成人して以降の社会生活にとって、極めて大きな差異を生じることになる。

「里親さんにお願い。里親さんは子どもの将来のことを考え、良い方向へ導こうとしてくれます。しかし私もそうだったように、思春期にはそれがわからず反発ばかりしていました。こうして社会人になった今、ようやくそのありがたみがわかってきました。お願いしたいのは、今やっていることの結果をすぐに求めず、少し待ってください。里親さんたちにはそのときわからなくても、いずれわかる日が来ます。親というのは唯一の存在であり、かけがいのない家族なのです。決して突き放さず、成長を見守っていただければと思います。私もこの歳になって、ようやく少しずつ感謝できるようになりました。『おやじ（里父）、おふくろ（里母）、ありがとう』と思える日が必ず来るので、あきらめず待っていてほしいと思います」

（高橋成貴「二組の里親家庭で育って」▼[11]）

さて、前記の里親家庭での里子養育プロセスに関わって、大きなテーマが一つ残されている。それは養子縁組の里親家庭が乗り越えなければならない「真実告知」の問題である。

真実告知とは、子どもが里子としてもらわれたという事実を子どもに正直に打ち明け、育ての親としての愛と誠実さを、子どもに包み隠すことなく示しつつ親子関係を育むプロセスを共に生きる覚悟のことである。

ともすれば里親側の心情として、産みの子どもではないという事実を隠し、実の親子としての関係を育みたいとの思いに駆られることが少なくない。実務では、この事実は子どもが幼少期にあるときに伝え、産みの親ではないが、あなたを愛し大切な存在であると思っていることを繰り返し伝えることで、却ってよい親子関係と安定した家庭が築けることを、里親となる候補者に説明するのが一般的である。

幼少期に伝えるメリットは、里親子関係さえ安定していれば子どもの受け止めが案外スムーズで、違和感や抵抗感が少ないことを経験的に学習しているからである。ところが、思春期の不安定な時期に重なってこの事実を知ったりすると、混乱に拍車がかかり里親子関係の修復が困難になってしまうことも稀とはいえない。

しかし、このように児童相談所の職員などから、いくら説明されていても事実を伝えず、他の里親家庭や児童相談所などとの関係を断って、あくまで実子として育てることにこだわりを示す人たちがいることも事実である。

この最後の選択は、当事者に委ねるしか方法がないが、里親の強い思いから真実告知を受けることなく育ってきたある当事者の手記の一部を紹介し、この問題への一つの回答としておきたい。

「隠そうという意思は並々ならぬものだった。縁組した子であるということが、養母にとっても子どもにとっても、恥ずかしいハンディであるかのように。多分、私のため、と養母本人は思っていたのかもしれない。しかし、いくら曖昧な霧の中で生きることを選んだ私であるとはいえ、隠すことは私のためなどならなかった。胸に刺さったままの小さな棘《とげ》は普段は忘れているのに、何かの拍子にちくりと刺すことがある。多分、大人の思いもよらないようなときに。

隠すにはいろいろと嘘が要る。嘘はたいていどこかで辻褄《つじつま》があわなくなる。でもそれは聞きただせなかった。臆病な自分に対する嫌悪と同時に、親に対してはどこかさめた感じが残った。

なぜ自分は今ここにいるのだろう。誰の子で、どうしてここにいるのか。父に似ている、と母によくいわれたが、私にとっては混乱を感じるだけのことだった。私が喜ぶとでも思っていたのだろうか。本当にここにいてよい、いるべき人間なのかどうかもわからない。一方で、実親と思われる家庭の窮状はちらほら耳に入る。なおさら自分の居場所が分からなくなって、落ちつけない。

結婚届も親が出し、戸籍なるものをはじめて手にとって眺めたのは、子どもが生まれてからのことだった。父母の名前、私の生まれた場所、誰が届けたか、いつ縁組したのか、公の文章に時間を追って順序正しく書かれていいのを目にして、心からほっとするものがあった。これこそが真実なのだ、と。しかし、いきさつまでは書いていない。それを知るのはそれからずっと後のことだ。まさに『真理はあなたがたに自由を得させるであろう』の心境だった。

養母は、孫を心から可愛がってくれたが、事実を知らされることをなによりも恐れた。本当のおばあちゃんでないと思われる、愛されなくなる、と本気で思ったのだろうか。私もいえなかった。いえば、母に刃を向けるに等しいような気がした。今度は私まで、家族の嘘に加担したというわけだ。そうやって日常の片隅にせよ、嘘や語られないことがたまっていく。

・・・・・・・・・・・・・・・・・・・・・・・・・・・・・・・・

現在にあっても、養親にとって『真実告知』は、いまだ簡単には越えられない問題らしい。幼いときから話すほうがよい、と公にはずいぶん前からいわれていても、最終的には養親の判断に任され、告知がされない場合も何割かはあるようだ。なぜなのだろう。自分の生んだ子に見せかけておきたいという理由は別として、遺伝的な関係はないと告げることがかわいそうなのか。それとも生んだ子どもを育てられないような経済的、人間的、社会的に劣った親の子どもであることを明かすことが、その子にとってかわいそうと思うからなのか。

確かに告げられた時点では快い話ではないかもしれない。子どもは知りたがらないかもしれない。でも子ども本人の長い人生からみれば、かわいそうだからという配慮は、どちらの『かわいそう』でも、余計なお世話だと思う。その配慮は別の面に、子どもの年齢や性格に応じて誠実に、不安を感じさせずに話すという面に向けてほしい。本人だけが知らないところでかわいそうがられていることは、みじめだと思う。

遺伝子的親子にはそれなりの喜びや苦しみもあるが、遺伝的につながりのない親子でも、毎日の生活の積み重ね、共通体験、お互いの存在のかけがえのなさ、などは本当の親子そのものである。とても簡単に切れるようなものではない。養親は自信をもっていいのではないだろうか。子どものほうは、自分のルーツがわかり、どういう状況のもとに今ここにいるのかということに納得できさえすれば、自分の立場を受け入れていくものだと思う」[12]

5 里親の拡充を目指して

2007（平成21）年の里親制度改革以降、厚生労働省も里親の育成、拡充に本腰を入れ始めている。しかし、実際に里親の数を増やし、また里親家庭への委託児童の数を増やす作業はそう簡単ではない。筆者も大阪市の里親委託推進プロジェクト会議の座長を引き受け、本庁のこども青少年局子育て支援部、大阪市こども相談センター（児童相談所）、大阪市里親会、家庭養護促進協会、児童養護施設代表、大阪市市民共済会などと定期的に会合を持ち、里親拡充のための様々な地域活動やPRなどに、ここ4年ほどにわたって取り組んできているが、目に見える成果を上げるというレベルにまでは至っていない。

欧米などと比べると非常に低調なわが国の里親制度について、その理由は以前からいろいろ指摘されてきている。主だった意見は次のようなものである。

- これまで国や自治体において、社会的養護の受け入れ先は施設でよしとする考えがあり、政策として里親制度を重視してこなかった。
- 日本の場合、欧米のようにキリスト教精神がなく、他人の子どもを育てようとする文化、風土が弱い。
- 社会的養護の実情や里親制度そのものが社会に十分知られていないため、積極的行動につながりにくい。
- 共働き家庭が多く、住宅事情もよくないので、子どもを引き取って育てるという余力に欠ける。
- 児童相談所などの現場職員が、施設に預かるより、里親委託の場合、手間暇がかかるため、消極的であることが多い。

● 社会的養護の子ども、実親ともに難しい背景の事情が増えており、個人家庭としての里親委託はリスクや困難が伴う。
● 実親が里親への委託は子どもが取られてしまうような感覚になり、望まないことも多い。

右記に示したいくつかの理由は、筆者自身が長年児童相談所で仕事をしてきたという経験に照らしても、一応納得のいく理由であり、その意味でどれか一つの理由が決定的というよりは、いくつかの理由の複合的事情が作用している可能性が高いように思われる。しかし、筆者が児童相談所で現役の仕事に従事していたときに、全国から里親の申し込が殺到したという事件があった。

その事件とは、今からおよそ20年前の1995（平成7）年1月17日に起こった阪神・淡路大震災の事件である。この大震災では6000人を超える人々が亡くなり、不幸にも多くの親を亡くした子どもたちが生じた。テレビや新聞等は、連日被害のすさまじさを全国に伝え、いてもたってもいられない人々の多くが、救済ボランティアとして阪神地区に流れ込み、当時ボランティア元年と称されたりもした。そして、その折、親を亡くした子どもたちを引き取って育てたいという申し込みが、児童相談所や役所などに多く寄せられたのである。

しかし、それらの善意の申し込みに反し、実際に施設や里親家庭に行く子どもはほとんど生じなかった。彼らはほぼすべて親族に引き取られることになったからである。

実は、これとよく似た現象が、4年前、2011（平成23）年3月11日に起こった東日本大災害でも起きた。しかし、結果的にはほぼ阪神・淡路大震災のときと似通った結論になった。

これらの現象を通して考えられるのは、日本では里親になろうとする思いや条件が、そもそも欠けているために里親のなり手が得られないのではないと感じる。

つまり、他人事ではなく、自分事として子どもを引き取り育ててあげたいという、直接行動に結びつくようなインパクトのある動機と熱意をどれだけ引き起こすかという情緒レベルへの働きかけの差であるように感じる。

大災害の不幸は、それが他人事ではなく、自分事として感じられる強いインパクトを伴って心に訴えかけるため、実際の行動に結びつくのではないか。

事実、筆者がN子を里子として引き取ったのも、その家庭の存在を実子のS子を通して知っていたという経緯が大きい。単に全国に3万を超える子どもたちが家庭で暮らすことができず、そのほとんどが施設で暮らしているという知識としての理解だけでは、自らの実際の行動を引き起こすほどのインパクトにはなりにくいのである。

このように考えると、里親の開拓には、実際の子どもたちとの接点を広げる努力が不可欠であるように思う。多くの人々にとって、いきなり他人の子を家庭に引き取って共に暮らすという選択と決断は、かなり難しくハードルが高い。そうではなくこの程度の関わりならできそうという接点を、いろいろな形で広げる努力を行うのである。

たとえば、月に一回程度の週末を利用した里親活動（週末里親）、親の面会が得にくい子どもへの定期的面会訪問、折に触れた1日里親の体験、等々。施設と地域が一体となった具体的な関わりを推進することにより、特定の子どもへの愛着が芽生え、その子のことが気がかりになれば、その気持ちが里親活動への後押しの作用を果たすことになるだろう。

筆者は現在、大阪市の里親認定のための社会福祉審議会里親部会の委員を務めているが、近年興味ある現象が起こった。

社会的養護が必要な子どもたちを受け入れる児童養護施設や、一時保護所の受け入れ枠の不足に悩む大阪市が、苦肉の策としてとった対策の一つが、緊急一時保護委託先の確保であった。必要な子どもの保護は、本来児童相談所に併設されている一時保護所を活用することになるが、満床のため、緊急の一時保護枠をどうしても確保しなければならないという事情によりとられた措置である。

つまり、具体的には天理教の教会に窮状を訴え、その組織的協力により市内に点在する天理教の教会（趣旨を理解し協力の意思を示した方）に、一時保護委託する契約を取り結んだというのである。

この緊急避難的な措置により、本来一時保護所に保護されるべき子どもが、多数天理教の教会に世話になるという対処がとられることになった。

しかし、結果としてはその緊急保護的意図だけではなく、一時保護委託を経験した方々が、引き続きその子の面倒を見てあげたい等の理由から、次々と養育里親の申請者に転身されるという現象が生じたのである。

これこそ、前記に触れた、他人事から自分事への認識の転換を示すよき例といえるであろう。このような認識の転換を促す様々な仕掛けと試みを全国的に展開すれば、里親拡充の可能性は決して絵に描いた餅には終わらないように筆者は感じている。

†注

1　厚生労働省作成の資料によれば、2010（平成22）年前後の状況における、各国の要保護児童に占める里親委託児童の割合として、イギリス71・7％、フランス54・9％、アメリカ77・0％、オーストラリア93・5％、香港79・8％、日本12・0％などとしている。

2　2006（平成18）年栃木県里親連合会第50回記念大会「体験発表・記念講演集」元里子Ａ子さん（32歳）の発言記録。

3　社団法人家庭養護促進協会大阪事務所、竹原尚美「まいちゃんの場合」『レポート親子むすび』2001

（平成13）年3月。
4　同上、竹原尚美「のりちゃんの場合」。
5　「愛の手」とは、家庭養護促進協会が窓口になり、毎日新聞社の協力により、里親委託が必要な子どもを、新聞の記事に掲載し、希望養育者を募る取り組みで、かなりの長期間にわたって実施されてきている。
6　田邉敦子「子どもの怒り」『あたらしいふれあい』家庭養護促進協会 大阪事務所発行、2014（平成26）年6月号。
7　注4に同じ。岩﨑美枝子「みさちゃんの場合」。
8　通常、非行の子どもたちが入所し、住込みの職員と共同生活を行って、生活改善を目指す児童福祉法上の施設。柵や鍵による拘束はないが、敷地内に学校が併設され、勉学、生活、作業の三位一体となった生活を送り、自由に外出することは許されない。
9　家庭養護促進協会は、運営費を得るために、毎年戎神社の祭りの際、飴売りを行うのが恒例になっており、3日間協会職員総出での作業となっている。
10　注4に同じ。岩﨑美枝子「みさちゃんの場合」。
11　高橋成貴「二組の里親家庭で育って」『施設で育った子どもたちの語り』明石書店、2012（平成24）年。
12　T・礼子さんからの手紙『大人になった養子たちからのメッセージ』社団法人 家庭養護促進協会 大阪事務所、1999（平成11）年。

第2章

ステップファミリー（連れ子再婚家庭）の子育て

1　児童虐待の加害者とステップファミリー

厚生労働省が毎年公表している児童虐待の相談対応件数は、2012（平成24）年度で、6万6701件（児童相談所統計）と報告されている。今は、児童相談所と市町村が主な児童虐待の対応先と規定されているので、日本全体の児童虐待件数としてとらえる場合、本来は市町村の対応件数も合わせる必要がある。数字的には、当然市町村の数が、児童相談所の数より多いため、公表される数字は、市町村の数字がいつも児童相談所の数字を上回っている。しかし、内容の細かいデータは児童相談所の数字を基にして公表されているので、ここでも、児童相談所の数値を基にして主な虐待の加害者を見てみることにしよう。

2012（平成24）年度でみると、6万6701件の主な加害者の内訳は、**表1**のようになっている。

この加害者の内訳は、毎年の件数の増加にかかわらず、さほど大きく変わっていない。つまり、毎年似通った内訳で子どもへの加害行為が行われ、児童虐待が生じているということになる。これらの数字を基にして、虐待の加害について語られるとき、目につくのは実母の加害が多いことである。そのため育児を担う母親をどう支えるのかが問われることが多いし、逆に母親のストレスが何らかの原因で子どもに向きやすいことへの警鐘が語られることが多い。

一方、実親ではない義理の親が加害者になっているのは、実父以外の父6・2%、と実母以外の母0・8%、合わせて7・0%という数字になる。

この数字だけで見る限り、義理の親子の間で虐待が多く起こっているという印象は持ちにくく、従来児童虐待問題の研究者においても、ステップファミリーにおける児童虐待の危惧を指摘する人はほとんどいなかった。

表1　虐待加害者の内訳（児童相談所統計）

実父	29.0%
実父以外の父	6.2%
実母	57.3%
実母以外の母	0.8%
その他	6.7%

出所：日本子ども家庭総合研究所『日本子ども資料年鑑』（平成25年）

表2　虐待加害者の内訳（警察統計）

実父	38.3%
養父・継父・内縁の夫・その他の男	39.5%
実母	21.0%
養母・継母・内縁の妻・その他の女	1.2%

出所：法務省『犯罪白書』（平成25年）

しかし、犯罪白書による警察統計を参照すると、児童虐待の加害者の内訳が、児童相談所の統計とかなり違っていることに気づく。

２０１２（平成24）年度の警察統計による加害者の内訳（総数４７２件）は、**表2**のようになる。

ちなみに、養父とはすでに子どもと養子縁組をしている場合、継父とは養子縁組をまだしていない義理の父親、内縁の夫とは正式婚姻手続きをしていない夫（父親）、その他の男とは母親のパートナー（恋人）的男性、という区分になり、子どもからするといずれも実父ではない父親（または父親的男性）ということになる。

つまり、子どもとは義理の関係にある父親が最も多い加害者ということになり、この割合は毎年変わっていない。

これはいったい何を意味することになるのであろうか。

警察統計の意味は、虐待の程度が重く、警察が傷害罪や暴行罪などの刑事事件として関与したケースであることを意味し、児童相談所が関与したケースのより重度ケースという特徴を持つ。この重度ケースに限って加害者が誰であるのかをみると、例年最も多いのは義理の父親であることが警察統計により明らかになっていて、ステップファミリーで起こる児童虐待は、程度が重くなる傾向があることがわかる。

一方、義理の母親に当たる（養母・継母・内縁の妻・その他の女）は、1・2％であるから、義理の母親の場合は、大丈夫なのかといえば決してそうではない。多くの実例においては、義理の母親と父の連れ子の関係がうまくいかないという事態も多く発生しているが、その際、義理の母親が直接子どもに暴力をふるうというより、夫（子どもの実父）にやりにくさを訴え、後妻に気を使う実父が、義理の母親に代わって暴力をふるうというケースが多発しているからである。

自ら被虐待の体験を持ち、その体験を伝えるべく講演活動をされている島田妙子さん[1]の講演を、筆者が所属するＮＰＯ法人児童虐待防止協会の２０１３（平成25）年総会の場において実施した。その中で彼女は、実父からぼこぼこに叩かれ、その実父が継母に向かって「これで気が済んだか」と問いかけるのを見て、実父は継母に気兼ねをして子どもに暴力をふるっていると感じたと語っておられた。

したがって、警察統計の加害者の内訳では、実父が第2位に上がっているが、その中には継母との関係で実父が子どもに暴力をふるい、その分継母の直接的な暴力が少なくなっている可能性があることをしっかり読み取っておかなければならない。

2　過去の児童虐待事例とステップファミリー

過去には全国的に注目され、そのときの法律改正や厚生労働省の通知変更などに影響を与えた重大事例が発生しているが、そのいくつかがステップファミリーで生じているので簡単に紹介しておくことにしよう。

（1）2003（平成15）年に生じた岸和田事例

家族構成	
実　父	40歳
継母（内妻）	38歳
兄（事件本人）	中学3年
弟	中学2年

ケースの概要

不登校気味であった中学3年の男児が、まったく登校しなくなってしまった。その直前たまたま学校にやってきたときの兄の様子が相当やつれ、以前の元気なときと様相が一変していたため、担任教諭が虐待を懸念。来なくなって以降も家庭訪問を試みるが、親から子どもと会うことを拒否され、その様子を確認できないでいた。気になった担任は児童相談所に相談をかけるが、虐待の確証が十分でないため、児童相談所の担当者にあいまいな伝え方しかできなかった。話を聞いた担当者の方も、はっきりとした虐待通告と受け取らず、児童相談所の組織内で役割分担がされていた虐待対策班に情報を伝えず、積極的対応策を取らなかった。その後、実際には実父・継母より虐待を受け室内に監禁状態に置かれていた兄が、栄養失調状態で瀕死の重体に陥り、救急車で搬送されるという結末に至った。その後両親は警察に逮捕されたが、関係者が虐待の危惧を感じながら、なぜより早く救済できなかったのか問題になり、2004（平成16）年の児童虐待防止法改正に一定の影響を与え、新たな条文が付け加えられることになった。

ケースの特性

このケースにおいて、関わった者たちが漠然と思い込んでいた大きな過ちの一つは、中学3年で虐待を受けていれば、当然逃げ出すことが可能であろうという予断であった。確かに何度か親族の祖父母宅に兄弟で逃げ出した経緯があったようであるが、すぐに連れ戻され、結果として、兄（兄は弟よりおとなしい性格であった）は逃げることができない状況下に追い込まれ、死亡直前の事態にまで追いつめられることになった（弟は実母の家に逃避、実母からは子どもたちの親権変更の申し立てが地元の家庭裁判所になされていたが、家庭裁判所も緊急の対応が必要とは理解していなかった）。

同じような構造に置かれる事例として、ＤＶ被害の女性たちがいる。彼女たちも大人なのだから逃げようと思えば逃げられるはず、と第三者は考えがちであるが、加害者から暴力を受け、言葉で脅され、逃げてもよりひどい暴力を経験する中で、気力が失われ逃げる行動そのものが取れなくなってしまうことがよく知られている。このような状況に追い込まれてしまえば第三者の強力な介入がなければ、救済に至らず、その意味で異変を感じた周りの人間が、対応可能な機関に強い救済の必要を繰り返し訴えることがポイントになるが、以降も似たような構造に置かれた親族や身内集団内の殺人、傷害事件が数多く発生している。

ところで、岸和田事例の一つの困難・弱点として、家庭訪問をする学校の担任が、子どもへの面会を求めても親の拒否にあい、実現できなかったという難しさがあった。それを踏まえ、この直後の2004（平成16）年に児童虐待防止法の改正がなされ、行政（児童相談所）が子どもの安全確認ができない場合、地元の警察署長に協力依頼を行い、依頼を受けた警察署長は署員をもって事態の打開を図る処置をとるよう明文化した条文が入った。

さらには、学校からの児童相談所への情報伝達があいまいであったため、しっかりとした児童相談所の組織的行動がとれなかったという点も反省され、その後児童相談所の運営指針は、個人を特定できる情報はたとえ相談という形であっても、すべて虐待通告として受理し、組織的対処を行うよう明示されることにもなった。

なお、このケースにおいては、実父、継母共に虐待の加害者であったが、よりひどい暴力の実行者として実父がその役割を担い、年齢の高い連れ子の養育がうまくいかない継母の思いの実現者としての位置づけに置かれていたケースであった。また、実父は離婚により一時実家の祖父母に預けていた二人の兄弟を、再婚（内縁）により引き取った典型的なステップファミリーで生じた虐待事例であった。

（2）2006（平成18）年に起こった長岡京3歳児餓死事例

家族構成	
実　父	28歳
継母（内妻）	39歳
長　女	6歳
長　男	3歳

ケース概要

妻と離婚し、そのため実子を実家に預けて養育をしてもらっていた実父は、知り合った女性と同居（内縁関係）し一緒に暮らすことになったため、実家から二人の子ども（姉、弟）を引き取り、家族としての生活をスタートさせた。

しかし、年齢も高く新たな継母になじみもない子どもたちは、継母からするとやりにくく思うようなしつけができなかった。この継母は子どものしつけとして食事を与えないという罰を与えることを常套《じょうとう》の手段にしていた。当初はその対象が姉になり、食事を抜かれた姉が近所をうろつき、「おなかがすいた」などと訴えるようになった。その様子に気づいた近隣住民が警察に通報、警察は姉の身柄を保護し児童相談所へ虐待通告を行った。

通告を受けた児童相談所は、虐待の事実を認定、姉を児童相談所の一時保護所に保護したのち、児童養護施設に入所させる手続きを取った。

この際、弟は一見継母にもなじんでいるように見えたため、弟については在宅の見守り指導が採択された。ところがその後、継母の攻撃は弟に向かい、食事を抜かれた弟が徐々に衰弱、最後は標準体重の半分ほどに痩せこけ餓死するに至ってしまった。

この間、子どもの様子を気にした近隣の民生・児童委員から何度か児童相談所に連絡が入ったが、児童相談所の担当者はそのたびに実父に対して電話で様子を聞く対応を繰り返し、実際に子どもを見て安全を確認するという対応を取らなかった。

ケースの特性

再婚により、実家等に預けていた子どもを引き取るが、養育がうまくいかないという、よく起こりがちなステップファミリー虐待の典型事例の一つである。子どもはそれまでの養育者である祖父母に愛着を持っている。その子どもの心情への配慮がないまま、なじみのない新たな親の養育のもとに置かれた子どもは、通常様々な不適応反応を起こすし、新たな親への拒否反応を起こすのが普通である。

その知識がないまま子どもの養育を任された継母は、いうことを聞かず自分になじまない子どもの言動にイラつき、罰としての食事を与えない対応を、当初年齢の高い長女に対して取ったものと思われる。

ところがすでに6歳に達し、それなりに行動力が備わった長女は、近所をうろつき、そのことによって通報と行政の介入を経て保護される結果になる。そのとき弟は一見なじんでいるように見受けられ、在宅の措置が取られたが、関係者の間では姉がいなくなれば次には弟に攻撃が向く可能性があることが話し合われている。

しかし、実際の見守り体制の方法が十分詰められないまま、児童相談所の姉を担当した児童福祉司（ケースワーカー）の個人的対応に委ねられていた。話し合われていた懸念はすぐに具体化し、今度は弟が継母の攻撃対象にすり替わった。

だが、継母は姉のとき近所をうろつき行政の介入を受けてしまったことを学習し、弟の場合、部屋に鍵をかけ勝手に出られないようにしたうえで食事を与えなかったため、命取りになってしまった。

厚生労働省はこの事件の反省から、通告があった場合、48時間以内に子どもの安全を目視確認するよう児童相談所運営指針の変更を行った。現在全国の児童相談所はこの指針に基づいて実務を行っているが、一部の自治体は半分の24時間以内目視確認の規則を作り実務を行っている。

これらのスピードアップは、一見積極的でよい対応のように見える。しかし、時間制約があるため事前調査なしの突撃訪問[2]が増え、訪問を受けた当事者は近所の誰かが通報したから行政介入を受けたとして被害的になり、近所との摩擦が増えるなど、ハンディを抱えた家族を地域で支えるという意味において、逆効果の現象も増えている。今後の安全確認の方法をめぐって再考がいるテーマの一つになっている。
なお、弟が攻撃を受けた理由は、後の裁判で明らかになるが、3歳でしゃべれるのに、おしっこを知らせないというごく単純な理由からであった。

(3) 2011(平成23)年大阪で起こった3歳児窒息死事例

家族構成	
実　母	26歳
長　男	3歳
同居男性	23歳

ケースの概要

離婚母子家庭であったが、実母は子どもをかわいがって育て、子どもも保育所に通いつつ順調に成育していた。ところが、実母はネットで男性と知り合い、意気投合したためか、その男性を自宅に招き入れ同居生活を始めた。しかし、その後長男の聞き分けが悪くなり、いたずらを繰り返すようになった。困った母親は懲らしめに長男をゴミ袋に入れる罰を加えた。だが、ゴミ袋は薄いため、長男はその袋を破ってすぐに袋から出てきた。

その様子を見ていた同居男性は、実母が自分の子どもに罰を与えるのはつらいだろうと話しかけ、自分がやると申し出た。実母の許可を得た同居男性は、子どもを再度袋に詰め、今度は勝手には出てこられないようにひもで縛りあげた。母親からの要望で袋には指で空気穴をあけたようであるが、子どもの声がしなくなったとして様子を見に行くと、子どもはすでに窒息死し、ほどなく実母と、同居人の男性は警察に逮捕されることとなった。

ケースの特性

この事例は、全国的に騒がれた事例ではない。しかし、典型的なステップファミリーで起きた事例として、当事者や支援に携わる人には留意がいる。もともと3歳男児は虐待を危惧されていた子どもではなく、むしろ母親の愛情と世話を受け順調に成育してきた子どもである。母子家庭としての生活上の困難や不便はそれなりにあっただろうと推測されるが、保育所を利用しつつつましやかな生活が維持されてきた。

問題は母親がネットで知り合った男性を家に招き入れ、3人の新たな家族としてスタートさせたところから始まっている。最近の人はネットで知り合い、相手がよくわからないままに親しい関係になることが結構多い。ネットで示される情報は本当も嘘も混在していることが多く、信用してしまうと後で事実と違い困惑することも少なくない。この母親も相手が医学生と名乗るのを安易に信じたようであるが、まったくの嘘であったことがわかっている。逮捕後の母親の証言で、医学生だから安全の知識があるだろうと安心していたという証言がなされていたが、まったく根拠のないものであった。

しかし、それらはこのケースの本質ではない。このケースの本質は、母子家庭にいきなり他人が家族として入り込み、母親のパートナーとしての位置にはまり込んだとき、子どもにはそれがどのように映り、どのような子どもの反応を引き出すことになるのかという点についての、大人の無知にある。

母親と密着していた子どもにとっては、新たな男性はその母親の愛情と関心を奪い取るライバルの出現としかとらえることができない。よく第2子ができ、親の関心が赤ちゃんに向いたとき、第1子が退行や、むずかりを増すのと似ている。

子どもにいたずらが増え、聞き分けがなくなるのは、まさにライバルに母親をとられてしまったとのマイナス感情が生じているからである。それを罰で統制し、しかも子どもの存在を快く思っていない同居男性に委ねたことが今回の悲劇につながっている。

このケースは虐待ケースとしてどこの機関も関与していない。しかし、同居後1か月あまりという短期の間に悲劇が起こってしまったのである。

このような事件をなくそうと思えば、行政がよりステップファミリーで生じる、親子関係の特性や知識を広く啓発、広報する以外に方法がない。筆者はその考えのもと、所属する児童虐待防止協会の提唱で大阪市に働きかけ、全国初の啓発冊子を2012(平成24)年3月に完成させた。[3]その後同様の行政による取り組みは、兵庫県小野市、京都府などに広がりを見せているが、ステップファミリーの増加と地域での孤立を考えれば、本来全国規模での取り組みが求められる課題であるだろう。

3　里親家庭とステップファミリーの成長段階（プロセス）の違い

里親家庭も、またステップファミリー家庭も、子どもが新しい環境になじみ、子どもと養育者の間で健全な関係が形成できるまでには、相当の時間が必要だし、またいくつもの段階を追った成長のプロセスがある。ここで双方の類似点と、また違いについて整理比較しておくことにしよう。

◆里親家庭の成長段階

（1）前提としての実親子分離体験と見捨てられ感情

子どもは何らかの事情で実親との分離を体験し、しかも子ども発想の特性として実親から嫌われ見捨てられたとの感情を背負っていることが多い。

（2）実親に代わって里親による新たな個別的養育

子どもは実親との分離体験後、いったんは児童相談所の一時保護所、乳児院、児童養護施設などで集団的養育を受けることが多い。その後新たな養育者として里親が選ばれ、個別の家庭に移されて家族としての養育関係がスタートする。

（3）見せかけの良い子

委託された子どもが見せる最初の共通の言動。まだなじみのない環境と新たな里親に対して、これまで周りの大人からいわれてきたことを実行して見せようとし、けなげな行儀のよい態度を示すことが多い。ほぼ1か月程度で消滅する。

（4）退行と試し行動

様々な赤ちゃん返り的言動が生じ、里親に赤ちゃんとしての世話を求めようとする。また、試し行動として、聞き分けのない言動、執拗な要求、聞き入れられないときのダダごね、里親に対する攻撃的言動などが生じる。少なくても数か月から半年程度は持続する。

（5）愛情の独占欲求

愛着が深まってくると里親の愛情を独占しようとする感情や言動が生じる。里親が他の子どもに関心を示すと嫉妬し、他児とのトラブルも生じる。嫌われて捨てられたという実体験とも結びつき、愛情確認が頻繁に起こる。退行や試し行動が収まって以降も長く続く。

(6) スキンシップと受容、安心感の育成

前記のプロセスは里親と愛着関係を新たに形成するための、ゼロからの再スタートとしての意味を持ち、里親は受容の精神と子どもとのスキンシップでつながりを深めることが必要になる。それらの段階を経て子どもは肌レベルの信頼と安心感を獲得し、以降の親子関係形成の土台が出来上がる。

(7) 境遇の整理

新しい生活になじみ、里親への信頼や安心感が増してくると、自分がなぜこの家に来たのか、自分はなぜ実の親や家族と暮らせなくなったのかなどの、自分の身に起こった不本意な出来事を、その子なりの年齢と考え方で整理する作業を始める。

日常場面で子どもはしきりに自分が不思議に思うことを里親に問いかけることが生じる。里親は事実にできるだけ沿い、かつ子どもが理解できるよう、そしてみんなが里子を大切に思っ

てきたという説明を誠実にすることが求められる。それらのプロセスを通じ子どもは自らの境遇をストーリーとして語り、今の境遇と生活を納得できるようになる。

(8) 安定期

里親に対して、信頼と安心の感情が定着して子どもの行動にも落ち着きが見られるようになり、里親側にも子どもがかわいいという感情が根付いてくれれば、里親子関係は安定期に入る。しかし、この時期においても里子であることによる友だちからの言葉でのいじめ的言動、学校での家庭に関するテーマ学習、医療券の扱い、実親との養育方針のズレ等々の混乱や戸惑い的課題は、日常的に起こるのが普通である。

(9) 思春期の揺れ

中学生時期に入る頃、交友の広がりや反抗的態度、奇抜な服装や非行的言動、また注意を促す里親との衝突などが生じ、第二の山場としての混乱が始まる。この時期は体力もあり、行動範囲も格段に広がるところから、友人との夜間交友や外泊などにもつながりやすく、里親にとっては気の休まらない日々が続くことも多い。

里親が行動を収めようとすればするほど、衝突が激しくなり、また悪態もひどくなって、ついには里子の養育断念に追いやられ、再び施設に戻されてしまうケースも稀とはいえない。また、養子里親の場合、実親へのあこがれが強くなり、実親探しの行動がよく見られる現象の一つになる。里親にとっては、忍耐と寛容を求められる時期で、良い意味での居直りと、つかず離れずの姿勢で気長に付き合う態度が大切になる。

(10) 里親の再認識と自立

思春期の混乱と衝突を経て、様々な反発的出来事や挫折的な出来事が生じるが、里親の変わらない姿勢と突き放しさえしなければ、再び里親との新たな段階に到達することが多い。仮に実親と出会ったとしても、里子にとっては親としての実感はなく、自分のよりどころは里親とその育った家庭であることを再確認することになる。

里子はその後里親家庭を離れ自立の道を歩むことになるが、自立以降も里親家庭とのつながりがなくならないのが特徴の一つといってもよい。また、新しい家庭形成のモデルは里子が育った里親家庭そのものであり、里親が示した目に見えない行動・価値モデルは、里子の生活に一生の影響を与えることになる。

◇ステップファミリーの成長段階

（1）前提としての離婚体験と罪障感

ステップファミリーの場合、多くは実親との離婚による分離体験を伴っている（少数は死別、未婚なども含まれる）。したがって子どもは離婚の影響を何らかの形で背負っている。その影響は、別れた実親との関係性などにより異なるが、あえて一般論としていえば、大切な人物の喪失感、また子ども特有の発想が影響し、自分が良くない子だったから両親は別れてしまったのではないか、いつかまた両親がよりを戻してくれるのではないかなど、必ずしも現実的ではない漠然とした罪障感や期待感などの思いを抱いている子どもも多い。

（2）母子家庭（父子）家庭での親子密着

離婚等により母子（父子）家庭になった場合、一般的には親と子の結びつきが強くなる。配偶者がいない分、親の関心の対象は子どもに集中することになるし、子どもも唯一のよりどころとしての一人の親に対する依存度が大きくなる。この相互の結びつきの強さが、親のパートナーの新たな出現に対する、違和感や抵抗感につながる大きな要素になってくる。

（3）実親の再婚についての違和感

通常、ひとり親家庭の子どもは、生活に不便を感じていたとしても新たな親（継父・継母）の出現を好ましく思わないことが多い。子どもにとってはあくまで母親（父親）であることを期待する気持が大きく、親の、妻（夫）としての役割には違和感と失望感が伴う。ときには別れた実父（実母）に対する裏切り行為と感じる子どもも少なくない。

「天国にいるお父さんへ
お父さんお元気ですか
お父さん、聞いてください
お母さんは、再婚してました　お父さん、悔しいでしょうね
僕もすごく悔しかったです
だから僕もいっしょに悔しがってあげます……」

（児童福祉施設入所児童の作文より）

（4）継父（継母）の同居と警戒期

継父（継母）が同居するようになると、当初は距離感と警戒感のある様子見の時期が生じる。

内心歓迎はできないが、その反発や抵抗はあからさまではなく、継父（継母）からするととっつきにくく親しみは持ちにくいが、やりにくさを感じるほどではないと映ることが多い。里親の段階でいえば見せかけの良い子の時期に相当することになる。

（5）ライバル的反発と行動・生活様式の違和感

少しときが経ち、共同生活が推移していくにつれ、子どもの胸に秘められた違和感や反発心がいろいろな言動の形で表に出てくるようになる。とりわけ、母親（父親）のパートナーとの親しげな言動は、子どもの疎外感を高め、拒否感を強める要素になる。また、新たな親が持ち込んだ日常の作法などについても、慣れ親しんできたやり方を否定されるような思いにもなり、無言の抵抗や反抗的言動になって親子関係に緊張と摩擦が目に見えた形で生じることが多くなる。

（6）キーとなる、継父（継母）の距離の取り方と、信頼・安心感の育成

この段階でキーとなるのは、継父（継母）の家族との距離の取り方である。いきなり自分の流儀や作法を押し付けようとすればそれだけ抵抗が増すことになる。また、もう一つのキーは、子どもの信頼と安心感の育成を優先させることにある。この土台の育成がないまま、いきなり新たな親としてのしつけを開始すれば、親子関係はいつまでもぎくしゃくし、下手をすると虐待に移行する可能性が高くなる恐れもある。

(7) 信頼・安心の伸長と新たな複合的生活様式の成立

信頼・安心感を育成するためには、新たな親はしつけへのとらわれをいったん放棄し、子どもと共に遊んだり行動したりの関係を作りあげる必要がある。この関係が深まることによって、新たな親は、はじめて親として受け入れられるようになり、またその生活作法も徐々に家族の中に取り込まれ、新たな複合的生活スタイルが成立することになる。

(8) 新たな家族としての融合と一体感の確立

親としての役割と、新たな生活スタイルを急激に目指すのではなく、これまでの子どもと実親の生活スタイルを尊重し、子どもの違和感を徐々に解きほぐし、子どもにも歓迎される形で継父(継母)が受け入れられていくことが、ステップファミリーの成功の大切な要素になる。そして家族としての新たな一体感が醸成されることになるが、この段階への到達期間は少なくても4〜5年程度かかるものとの認識が必要になる。

4　離婚にまつわる子どもへの影響と配慮について

さて、ステップファミリーのほとんどは、実親との離婚体験を持つことを先に触れたが、その影響がどのようなものであるのか、もう少し詳しく見ていくことにしよう。

（1）家庭と子どもの育ち

家庭は社会を構成する最も小さな基礎的で自然発生的な集団である。そして、いずれの文化や国においても、個人にとって代わることのない重要な役割と機能を持っている。アメリカの社会学者パーソンズという人は、あらゆる役割を切り取っても、最後には人の情緒の安定の機能と子どもの社会化の機能の二つが、家族の重要な機能として残ると主張している。

つまり、子どもが将来の人格を作り上げ成長するためには、家庭はなくてはならない存在なのである。わが国が批准している国際条約である「子どもの権利条約」においても、子どもの調和のとれた人格の形成のためには、家族という自然環境が極めて大切であることをその前文で謳っている。[4]

その意味で、次代を担う子どもの健全な成長のためにも、家庭の日々のありようが子どもにとってどのような存在になっているのか、大人である私たちは注意深く意識し振り返ることを問われているともいえるのである。

（2）父母の良好な関係と子ども

子どもは、成長のプロセスで一般的には、まず母親とのしっかりとした愛着関係を通じて自らの安定と他の人たちとのつながりの基礎を作る。そして、さらには父親や兄弟姉妹、より大きくなってからは友人や親族、あるいは学校の先生など多様な人々との出会いと、その関わりを通じて様々な要素を取り込んで成長していくことになる。

しかし、子どもの人格の骨格を形成するための最も影響力が大きい存在は、なんといっても母親と父親である。子どもはその両者を自分の中にモデルとして取り込んでいくことになるため、子ども自身の安定のためには、父母自身が安定し調和のとれた存在であることが望ましいということになる。父母の関係が良好で安定したものであれば、子どもは自分にとっての安全基地である家庭が、無条件で安心な存在であることを肌で感じとり、余分な気遣いをすることなく、様々な発達上の課題に向き合って、たくましく健全に成長していくことがしやすくなるということになる。

「将来、私は、幸福な家庭をつくりたいです。『幸福な家庭』っていうのは好きな人と結婚して子どもを二人作ることです。そして、子どもに母さんってなんでも自分のなやみをわかってもらえるんだなあと思われると思います。だからって決して施設が悪いっていうわけではないけど子どもを施設に入れないようにしたいです。そのために今から自分でしっかりとした心を持って自分のことだけではなく人のこともわかってあげれるようにならなくてはと思うわけです。だから、私が今しようと思うことは、勉強も大切だけど、友だちをいっぱい作ることです。人をきらったりするのはわけないけど、人を好きになるよう努力したいです。

本当に将来好きな人と結婚して、幸福な家庭をつくれたらって思います」

（高2女児作文「児童福祉施設入所児童作文集」[5]）

「私が将来いつになるかわかりませんが、もし結婚をして子どもを作り、一人の親として家族を養わなければならない立場に置かれたら、自分の子どもには何の不自由もないごく普通な家庭で、社会へ出るまでは世話をして育ててゆきたいと思います。また、自分の子には躾をやや厳しくしたいと思います。そして、子どものいうことにはなるべく耳を傾けて聞いてやり、親と子どもの関係をよくしたいと思います。次に自分の子どもが大きくなって五体満足であるならば、なるべくスポーツを勧めようと思います。そして他人よりもこれなら自信があるというものを一つ持たせてやりたいと思います。ところで私は、この十数年間普通の家庭で育ったことがないので世間のことがよく分かっていません。そこで、しばらくは社会に出て働き、世の中のことがよく分かった上で結婚しようと思います。そして、結婚したら、相手側のご両親やその家庭の方々と仲良くしてゆきたいと思います

（高3男児作文「児童福祉施設入所児童作文集」[6]）

（3）父母の争いと子ども

多様で、しかも長い家庭生活の中では、理想通りの安定し調和のとれた父母の関係とはいかない現実が多々生じることもある。しかし、日常生活における父母の心の離反、あるいは対立や争いなどは、大人が考える以上に子どもに目に見えない影響を与えていることが少なくない。

父母の争いの中に置かれた子どもは、両者を必死にとりなそうとしたり、いつまた争いが起きるかと常に不安にさいなまれたり、ときには一方に肩入れして家庭の中で親子の同盟ができてしまったり、さらには一方の親に強い敵意を抱いたりすることも稀ではない。このような環境に置かれた子どもは、エネルギーの大半を家族の人間関係に費やしてしまうことになってしまうので、本来子どもが費やすべき友人関係での遊びや学校での学習などに安心して向き合うことができにくくなり、その分社会的な適応がうまく進まなくなってしまう恐れが生じること

になりがちである。

「わたしのうちは、父と母がけんかばかりするかていです
ちちは、おさけをのむと、くせがあります
母が、上で妹をねさしにあがると
おーい、ちょっとおりてこいとさけびます
だけど、しごとでおらないときは、ぐっすりねられます
また、かえってくるときは、またひやひやします」

「おやじがいつも酒によって、お母さんをどついたりする
どつくくらいならまだましだ
玉子焼きをかえすやつで、それをガスでまっ赤にして
お母さんのおしりに当てたりする
そんなのを僕の目の前でやられると
おやじをころしてやろうかと思う時がある
今に見ろ、きっと見返してやる」

（いずれも児童福祉施設入所児童の作文より）

「小学校三年生頃までは、平和な日々が続いていました。……それから急に不幸が起こりだしたのです。

父と母の仲が、悪くなり、毎日のようにけんかをしました。父は母をおもちゃのように、『パチン、パチン』とひどくなぐりつけ、足でけるのです。私は、ふとんの中にじっともぐりこみ、心の中で叫んでいました。『神様、どうぞ、母を助けてください』と。

私には一人兄がいますが、兄は、父と母を見て、こう言うのです。『父ちゃん、勉強しとるんやでもうやめてくれ』と。兄はその時中学二年でした。それを聞いた父は、『うるせえ、てめえには関係ない』と、どなるだけ。私は、たえきれず外に飛び出してしまいました」

（中二女児作文「児童福祉施設入所児童作文集」[7]）

（4）離婚の実態

近年離婚がやや減少してきたとはいえ、かなり高い状態が続いている。厚生労働省の統計データによれば、2012（平成24）年度の離婚件数は23万5406件と報告されている。これを約20年前の1990（平成2）年度と比較するとおよそ1・5倍ということになる。

2012（平成24）年度の結婚件数は66万8869件ということなので、単年度で単純に結婚と離婚を比較すると、結婚の約2・8組に対して1組の離婚が生じているということになる。離婚がこれだけ増えているということは、離婚後のひとり親家庭が比例して増えていることを表し、また再婚家庭もそれだけ増加しているということを示している。

つまり、一昔前に家庭といえば、実の両親とその子どもという一般的な家庭のイメージがあったが、その実態が大きく変化しているということになる。また、国勢調査ではひとり世帯が急速に増加していることも指摘されているので、現在では極めて多様な家庭が地域に混在して生活しているということになる。

したがって、この多様さに応じた生活のあり方、また親子や夫婦のあり方、さらには地域社会のあり方が、従来のモデルや常識にとらわれない形で、柔軟化して対処できる力が備わるよう、私たち全体に求められているともいえることになる。

（5）離婚が与える子どもへの影響（プラスとマイナス）

父母の離婚が与える子どもへの影響はとても大きいものがある。通常子どもにとっては、母親も、また父親もとても大切な存在として受け止められているので、双方が別れてしまうことは大きな喪失体験につながることになるからである。離婚に際する大人の都合で子どもの引取りが一方的に決められて、子どもの気持ちが無視されたようなときには、より大きな無力感と喪失感に支配される可能性もある。

しかし、離婚がどんな場合でもマイナスということにはならないことにも留意がいる。形だけ父母のそろった家庭があったとしても、常に対立や争いが子どもの目前で繰り広げられるような現実があったとすれば、離婚による安定した家庭状況を保障される方が、子どもの心の安定には好ましいからである。その意味で、家庭の安定が修復の努力によって取り戻せるのかどうか、そしてそれを子ども自身がどのように受け止め感じているのかが、子どもにとっての離婚の是非を考えるうえで大きなポイントといえることになる。

「学校の先生は、とてもやさしいです。でもおこったときは、とてもこわいです。でも学校のみんなもやさしいです。A小学校とてもうれしいです。

わたしが五才のとき、お父さんとお母さんがりこんしました。わたしはとてもさみしいです。はやくお父さんとお母さんにあいたいです。とてもさみしいです。

顔もおぼえていませんでした。とてもさみしいです。五才のときだから、あんまりとおぼえていません。はやくあいたいです。

お母さんは、男の人と手をつないで車にのっていて、わたしは大声でよんだけど聞こえなかったようでした。とてもくやしいです。
お父さんも女の人とあるいていました」

（小5女児作文　一時保護所児童文集より）

「父は、母より6歳下でした。気の小さい父は、酒を飲んでは、母と口論になり、母に暴力をふるうという毎日でした。幼い私は、唯一母の母親（祖母）がそばにいてくれたことが救いでした。今でも記憶に残っているのは、おばあちゃんとおままごとをしている記憶です。私には、小学校に上がる前の母の記憶が（母がいたにもかかわらず）あまりないのです。

私が小学5年のときに、両親は離婚しました。私はいつも怯えて生活していましたから、暗い性格で、今でも小学校のときの写真を見るのは嫌いです。両親が離婚してうれしかったのは、父から母が受ける暴力を見なくて済むこと、きょうだいみんなが、少しずつ明るくなれたことでした」

（原島ひとみ「施設で育った子どもたちの語り」▼8）

（6）子どもへの説明と配慮

父母の離婚は、子どもにとって大変影響の大きい出来事である。したがって、子ども自身ができる範囲でその出来事を理解し、可能な範囲で子どもの気持ちや意見が反映される形をとることが大切になる。大人の問題だからと、子どもには何の説明もなく一方的に結論だけを押し付けるようなことがあると、子どもは大切な親との別れだけでなく、自分の存在も否定されたようなみじめな気持に陥る可能性がある。

子どもの年齢や大人の事情によっては説明が難しいかもしれないが、できるだけ子どもがわかるような配慮をしながら丁寧に説明することが、子どもの気持ちの納得や整理につながることになる。その気持ちの整理と納得があるのか、ないのかによって、離婚後の子どもの次の生活の安定や姿勢が、大いに異なったものになるということに留意する必要がある。とりわけ、子どもの理解と発想は自分に絡めた主観的発想になりがちなので、ときに自分のせいで両親が離婚したのではないかという不必要な罪障感にさいなまれないようにする配慮も必要である。

「私が一歳の時、母が他の男を作って家を出てしまい、その頃の父は、自衛隊でしたので私たち姉妹は養護施設に別々に入れられてしまいました。一年後父親のもとへ帰ることができました。

帰った時には、すでに新しい母親がいました。その母親と暮らすようになってからの父親も、月日が過ぎるにつれて、だらしのない大人へと変わってしまいました。私が四歳の時その母親の子が生まれ私に弟ができました。

三人きょうだいになり、父親も一時的にはまともに働き始めましたが私が小学二年の頃、酒飲みがひどくなり、夜の夜中毎晩のように夫婦げんかが始まり、近所の人たちが止めにくるほどでした。私が四年生になる頃には二回目の離婚となってしまいました。子どもの意見も聞かずに勝手に離婚するなんてすごく卑怯だと思います。今さえよければいい、あとのことは何も考えてはいないとしかいいようがない。……」

（高1女児作文「児童福祉施設入所児童作文集」[9]）

「私の家庭は、うまくいきません。わけをいうとやさしく協力し合わないからだと思います。私には弟がいます。弟とはけんかばかりしました。父と母も問題をおこします。なぜ、子供のことでけんかをしなければならないのでしょう。それとも、お父さんとお母さんは気が合わないのでけんかするのでしょうか。私たちはそんな時、とても悲しいのです。なぜこういうことになるかは、はっきり分からないが、大人は、すぐ『関係ない』といって、安心できるように話してくれないのです。どんな困ることでも、話してくれればわかることもできるし、協力して仲よく行くように、子供だってできるのです。

大人には、子供を育てる役目があります。離婚するなんて、一度愛した二人なのになぜなんて考えてしまいます。
はじめから、結婚しない方がいいと私は思います。子共がすきなら、二人仲よくしてほしいといつも思いました。
離婚も大人二人で決めず、子供の意見も少し取り入れてほしいのです」

（中1女児作文「児童福祉施設入所児童作文集」[10]）

（7）離婚にかかる転居や生活状況の変化と子ども

父母の離婚に伴って、ときに生活が大きく変化することが起こる。一方の親との別れだけでなく、これまで生活してきた住居の転居、仲のよかった友人との別れ、祖父母などとの離別、学校などの転校、氏の変更、生活様式の大きな変化、等々である。離婚を決断することになった父母双方にとっても、結婚の破綻に伴う心の傷や周囲への説明、これまでの生活の整理と新たな生活への戸惑いなどが次々に生じて、しばらくは気持ちにゆとりが持てないことが生じるかもわからない。

しかし、それは子どもにとっても同様で、多くの戸惑いと悲嘆に包まれた状態がしばらくの間は続くことが多い。このとき、この状態においては、親自身も信頼のできる友人や知人の支えを得て、徐々に日常の安定を取り戻すことが大切になるが、子どもも親ないしは周囲の支えが得やすい環境を配慮しながら、新たな生活のリズムを少しずつ作り上げていくことが大切になる。

（8）幼稚園（保育所）や小学校等への説明と配慮

離婚に伴う大きな環境の変化は、子どもにも様々な影響と変化を及ぼすことになる。幼稚園や小学校などは、子どもにとって家庭に次ぐ大切な生活の場で、家庭の変化が何らかの形で子どもの日常生活に影響を及ぼすことが予想される。その意味で、少なくとも子どもの担任にはその事情をしっかりと理解してもらうことが必要である。また、最近の学校教育では、作文などで「家庭」をテーマに取り上げたりすることもあるので、背景の事情を理解しながら無理のないテーマ選択をしてもらうことも大切な配慮の一つになる。

離婚で転居し、新たな幼稚園や小学校などに通う場合、家庭の込み入った事情まで話す必要があるのかと思う人がいるかもしれないが、家庭と幼稚園、小学校などは、ある意味二人三脚で子どもの成長に関わる存在であるだけに、できる限り子どもにとっての最善の理解と配慮を共有できる体制を作ることが大切になる。

（9）近隣や友人（親、子）への説明と配慮

家庭内の複雑な事情を、近隣や友人などに説明するのは一般的に考えると抵抗があると思われる。しかし、説明をしなくても身近な人はその事情を察知し、いわゆる噂としてすぐに広がっていくことになる。そして、この噂は興味本位になされることが多いため、多くの場合誇張されたり歪曲されたりしがちになる。そして、その噂の内容に再び親や子どもが傷つくことにもなる。

その意味で、ごく親しい人（親、子）には、簡単な事情説明と、これまでと変わらないおつきあいを頼んでおくことが無難である。特に子どもにとっては、家庭での養育体制が大きく変化することになる。離婚でひとり親体制になった場合などには、何事につけ協力してもらいやすい人が身近にいることは、生活していくうえで大切になる。心をできるだけフランクにして付き合い、周りにサポーターを広げていくことが、親子ともどもうまく生活できるためのコツといえるかもしれない。

(10) 離婚後の父母（非親権者）の関わり

父母が離婚するに際して、非親権者の親との間で子どもの養育費の支払いや面会交流などについて取り決め、協議離婚においても離婚届の用紙に書き込むことが必要になってきている（しかし、書かなくても受理されていることから強い縛りが発揮できていない）。また、家庭裁判所などの実務においても、非親権者の父母と定期的に面会などの関わりを持つという対応が重視されるようになってきている。たとえ父母が離婚したとしても、子どもにとっては実の親であることに変わりなく、子どもに関わることは実親の権利、あるいはまた子どもにも必要との考え方が重視されるようになってきているからである。その意味で、親権者の親が相手方（非親権者）への不満から、子どもに会うことを許さないというやり方は、徐々に排除される方向で進んでいる。

しかし、双方の関わりにおいて大人の対立感情が持ち込まれ、子どもにそれぞれの思いや相手方への不満などを刷り込むような言動が生じたりすると、子どもにとっては混乱のもとになる。したがって、父母双方があくまで子どもの意思と気持ちを尊重し、双方が納得のいく条件のもとで好ましい面会のあり方を設定することが必要になる。しかし、これらの条件設定が当事者の話し合いだけでは困難であるようなときは、家庭裁判所などを活用して子どもにとっての望ましい交流のあり方を、公正な形で調整してもらうことが大切になる。

（11）離婚後の親族（非親権者）の関わり

父母が離婚した後、非親権者の親族（祖父母、おじ、おば、など）と、どのような関わりを持つのかも難しい課題である。親権者にしてみれば、なるべく煩わしい関わりをいつまでも引きずりたくないとの気持ちが生じることも多いだろう。

しかし、婚姻継続中に親族との交流がそれなりになされ、子どもの心の中に大切な人物として位置づけられていたとすれば、自分に関係のない大人の世界での対立が、突如として自分から大切な存在を皆奪ってしまうという被害感情を引き起こす可能性が生じることになる。そして、その感情のしこりが離婚をした親への不満としていつまでもくすぶり続けることも稀ではない。その意味で子どもの思いや気持ちを重視しながら、親族との交流においても節度のある関係を調整し、可能な形で具体化する方がより望ましいということになる。

5 再婚にまつわる子どもへの影響と配慮について

(1) 再婚の実態

近年、父母の離婚と、その後の再婚は増加してきている。たとえば、2012(平成24)年度の厚生労働省による統計では、1年間に結婚したカップルの数は66万8869組で、そのうち26・0%は父母のどちらか、あるいは双方が再婚家庭となっている。つまり、約4組に1組の結婚は再婚ということになる。それだけ、父母のどちらかが連れ子を伴って新たな家庭をつくる、ときには父母のそれぞれが連れ子を伴って新たな家庭をつくるという事情が増えてきているということになる。この連れ子を伴った結婚家庭、つまりステップファミリーは近年その数が著しく多くなってきている。

このステップファミリーでは、結婚当初に夫婦だけで新たな家庭を築くのとは異なった、複雑で配慮を要する問題が存在する。そこにはすでに一定の成長をした子どもが存在するので、子どもと新たな親とのゼロからの関係づくり、それに実親と子どもの関係に係る大きな環境の変化、ときには連れ子同士の関係づくりなど、結婚と同時に複雑で多様な関係が同時に発生することになる。この現実にしっかり向き合い、それぞれの立場や気持ちへの適切な配慮を行うことなく、安易に新たな家庭のあるべき親子像にとらわれて、大人が一方的に子どもに対処しようとすると、家族の安定形成につまずく可能性があることに注意がいる。

（2）再婚の意義

死別、離別を問わず、父母が新しいパートナーと出会って、新たな家庭を形成することは基本的には望ましいこととといえる。双方がお互いの存在に勇気づけられ、協力しあって日々の家庭生活を築き上げていくことは、それだけ豊かな人生を送ることにもつながる喜びがある。

しかし、パートナーを自らの意思で選択する大人とは異なって、子どもの心はもっと微妙で複雑である。ある子どもにとっては、死別や離別した親に対する裏切りのような気持ちが芽生える可能性がある。また、そこまでではなくても、これまでのひとり親との密着した関係が、新たな親の出現によって壊されてしまうとの不安や対抗心を抱く子どもがいるかもしれない。しかし、子どもたちのそのような不安や心配に、大人が真剣かつ共感的に向き合い、その気持ちを時間をかけて和らげながら、新しい家族としてのきずなが深まり、それぞれが支えあえる新たな家庭ができたとすれば、それはすべての家族員にとって大いなる力の源になる。

(3) 再婚のプロセスと子ども

一般論でいえば、再婚のプロセスに可能な範囲で子どもを参加させ、新たな親としてのなじみと信頼を育成しつつ、再婚に踏み切る方が子どもにとっては望ましい。しかし、大人側の諸々の生活条件の事情やタイミングなども存在する。したがって、すべて子どもを優先とはいきにくいかもわからない。とはいえ、子どもの立場になって考えれば、突如現れた見知らぬ大人が、これからあなたの父親（母親）だといわれても、気持ち的についていくことは難しく、むしろ違和感や反発の感情が芽生えることになる。

この違和感を土台に新しい家庭のスタートを切ることは、それ以降の共同生活における困難を増幅させることにつながる。したがって、できる限りそれぞれの家族のメンバーが、納得と好ましい印象を育てたうえで共同生活に入ることが大切になる。この点を踏まえれば、新たなパートナーとの付き合いが深まり、双方に結婚の意思が芽生えた段階で、まずは実親からの再婚の提案、さらには新たなパートナーとのいろいろな機会を工夫した接触の設定など、子どもが新たなパートナーを受け入れやすい条件と、かつ子どもの気持ちの整理を見極める作業を経て、再婚の段取りに移ることが大切になる。

「私が小学三年生の時、母と父は離婚した。たぶん母が夜の仕事を始めて帰りが遅くなるようになり、いろいろなトラブルを起こしたため、心配性の父は、お酒を飲まずにはいられなくなり、よっぱらい運転で交通事故をおこしてしまったことが原因で離婚したのだと私は思う。

離婚を持ち出したのは、母の方でした。私は、何が何だかわからずにただ、そばで泣くことしかできませんでした。

でも、姉は自分の意見をはっきりいって、父母の離婚をやめさせようとしましたが、父と母は、姉の話や私たちの意見を聞こうとせずに、離婚してしまいました。

その後の私たちの生活は、とても大変なことばかりでした。姉は、美容師の夢をあきらめ、夜の仕事でわが家の生活を支えてくれました。

そんな時、母は『新しいお父さんだよ』といって、私たちの知らないおじさんを連れてきました。母は、私たちに『お父さん』と呼んでといったけれど、その言葉を口から一言でも出したくはありませんでした。

本当の父でない人を『お父さん』と呼べなんて、私たちには、できなかったのです」

（中1女児作文「児童福祉施設入所児童作文集」[11]）

（4）再婚家庭のスタート

子どもを伴った形での再婚家庭のスタートは、当初予想していた以上に多くの課題に遭遇することになる。通常の夫婦だけでの結婚のときにおいても、いざ同居生活を始めてみると、これまであまり気づかなかったお互いの微妙な家庭生活の作法や感覚の違いなどに戸惑うことが多く起こる。仮に連れ子が二人ずつ双方にいる場合の家族関係を想定してみると、二人の子どもとそれぞれの実親の関係、そして二人の子どもそれぞれと新たな親との関係、それに二人の子ども同士の関係と、家族関係が飛躍的に増大してしまうことになる。

そして、すでに子どもと実親は一定の生活の仕方や作法を作り上げているので、新たな親が意図する生活へすぐに切り替えることは極めて難しいということになる。したがって、このような場合には、子どもと実親のこれまでの生活の仕方を尊重し、できる限り新たな親がそれに合わせるという姿勢が必要になる。そのうえで時間をかけ、徐々に新たな親の考えや意図が無理なく吸収できるような緩やかな変化を目指す、大人側のおおらかでおおような姿勢と、子どもへの配慮こそが大切ということになる。

（5）新しい親と子どもの関係

再婚で新しい家庭がスタートし、新たな親（継父、継母）が入り込んだ場合、子どもの反応においては、再婚に至るプロセスでの子どもの関わりの有無や質、さらには子どもの心の準備などが大きく影響してくる。ただ、一般論でいえば、子どもの年齢が高いほど新たな親への違和感や抵抗感が強いことの方が多いという現実がある。

通常、再婚に至る前の家庭は、母子家庭や父子家庭、ときには祖父母宅での生活であることが多いと思われるが、これらの状況下で強まった前養育者と子どもとの関係に、新たな他人が実親のパートナーとして入り込むことには、気持ちのうえで違和感や抵抗感が生じることを拭い去ることは難しい。また、子どもにとっては親が100パーセント親であることを求める意識が強く、他人との関係で女性（妻）、男性（夫）の役割が展開されることには忌避感が高まることが多い。さらには、これまでなじんできた生活習慣や作法などに、突如他人が加わって変化が生じることへの反発心などが生じることもある。

したがって、再婚で同居生活がスタートしたとしても、新たな親と子どもの関係は、いきなり親と子の関係になって当然と考えるよりは、当面距離を保った同居人的立場を維持し、少なくても半年、1年をかけた歳月の中で、新たな親子の信頼と安心の関係を、徐々に育て上げていくことが重要になる。

(6) 試し行動と大人側の姿勢

新たな親に対する子どもの試し行動の出現は、中途からの養育を前提にする里親家庭で頻繁にみられる現象として知られている。この試し行動の内容は、子どもの年齢や個性などによって差異があるが、聞き分けのない態度、際限のない要求、反抗と大泣き、ときには悪態や挑発的で攻撃的な言動など、いわゆる大人を困らせる言動である点で共通している。

これは新たな親が、自分のすべて(良い点も悪い点も)を本当に受け止めてくれるのか、大人の心の本意を試す行動といわれている。里親家庭でみられるこれらの行動は、通常退行現象と重なり合って出現してくるので、以前に触れた発達心理学者エリクソンに絡めていえば、関係の基礎・出発点となる信頼と安心の関係を、いったんゼロに戻って作り直す作業の意味を持つと筆者は考えている。

いずれにせよ、里親の事前研修では、それをしつけで矯正しようとしないこと、可能な限り子どものわがままをおおらか・おおように受け止めて、信頼と安心感の育成を優先させるよう教育される。

この試し行動は少なくても数か月、長ければ1年程度続くことになるが、それを乗り越えると安心と信頼に満ちた本当の親子の関係が構築され、それに伴って試し行動も自然に収まっていくことになる。

実はこれとよく似通った親子の関係が、再婚家庭の新たな親と子との間でも生じることになる。しかし、残念ながら再婚家庭では、子どもの反応とそれに対する親の取るべき態度について、これまで十分な情報提供がなされてこなかった。そのため関係の基礎構築がない状況でのしつけが先行し、親子関係の形成が阻害される事態が頻発する現実になっている。一言でいえば、安心感の育成を先行させることこそ、しつけの近道であることを銘記することが大切になる。

(7) 新しい親としつけの気負い

再婚で、いきなり子どもの親として家族のメンバーになった新たな親（継父、継母）は、どうしても気負いが先に立つ傾向がある。自分がパートナーや子どもたちからしっかりした親として認めてもらいたいという期待感だけでなく、日本の場合、再婚家庭でしっかり親としての役割を果たしているかどうか、外部の人から子育ての失敗を指摘されないかどうか、という世間体を気にした気持ちが強く生じる傾向がある。

この気負いが、他人から見ても恥ずかしくないしつけの良くできた子に育てなければならない、との焦りに似た感情を引き起こすことになる。しかし、そのことが却って親子関係にゆとりを失わせる要因になる。すでに触れたとおり、子どもは新しい親に試し行動や大人の意にそぐわない言動を示すことが多く、新たな親から見れば、これまでのしつけが十分でないと映ることになる。

そして、その問題行動を自分がしつけで良くするのだと意気込むことになるが、信頼や安心が育っていない関係でのしつけの強化は、普通逆効果になって、却って親子関係がぎくしゃくし、また子どもの行動に様々な問題行動が生じやすくなってしまう。

(8) 実親の微妙な立場

再婚家庭であっても、子どもと実親の関係はすでに年月の経過の中でできあがったものがある。しかし、実親は子どもとの関係、そして新たにやってきたパートナーとの関係の間で、微妙な立場に立たされることになる。すでに触れてきたように、子どもの新たな親に対する反応は、普通親和性に欠けてぎこちなく、課題が多いものでありがちである。そして、その言動に直面する新たなパートナーは、これまでのしつけが十分でないと受け止めがちになる。気負いが先立つパートナーほど、しつけで子どもの言動を矯正しようとしがちになるが、実親はそこへ関与することでパートナーとの関係がまずくなるのを避けたいとの気持ちが生じる。

実際、間に入ることで新たな父母の関係がぎくしゃくしてしまうことも少なくない。また、パートナーの実子への対応は、自分のこれまでの子育てに照らすと、適切でないと感じることも多々生じる。しかし、実子の立場に立つとパートナーが機嫌を損ない、パートナーの立場に立つと実子が孤立してしまいかねないとのジレンマに立たされることになる。

この点に関しては、実親とパートナーとの間で事前によく話し合いを行い、当初は実親と子どもの関係やこれまでの作法などを尊重しながら、一歩退いた形でパートナーが子どもに接し、徐々に自然な関係が深まるのを待つことが、大切なコツということになる。

（9）しつけと信頼・安心感の育成

今、世間では児童虐待の著しい増加が大きな社会問題になっている。しかし、加害者である親本人は、ほとんど虐待の自覚や意識がなく、皆しつけであると思っていることが多い。また、一般人を対象にしたアンケート調査では、わが子のしつけに体罰を使用したことがあると回答する人が、約6~7割くらいの率で上がることが多い。これらのことを踏まえると、厳密にしつけと虐待の違いを説明することは、一般に考えられている以上に難しい面がある。

両者の違いは、子どもの視点と利益、子どもの納得、普段の親子関係などから総合的に判断する必要があるが、さらにもう一つの大切なポイントは、親子の間に安心感と信頼感が存在しているかどうかの違いも大きい。先に触れた発達心理学者エリクソンとの絡みでいえば、人間関係のスタートとしての土台にあるのが基本的信頼感であることの大切さをもう一度かみしめる必要がある。通常の実子の場合、無力な赤ちゃん時期に親の献身的な世話と愛情で形成されるこの土台は、中途からの養育においても同じ重みをもつ発達課題になる。しかし、中途からの養育の場合、子どもの年齢がすでに大きく、言語や行動がそれなりに確立しているため、安心と信頼の土台となる関係づくりの必要性が大人側に認識されず、いきなりしつけから始まるところに親子関係形成不全の最大の原因が存在している。

つまり、端的にいうと安心感と信頼感が育っていない中でのしつけの強化は、大人がその意義をいかように説明し考えようとも、虐待に限りなく近づく危険性を伴っている。

私たちの身に置き換えて考えても、信頼のある人からの忠告は素直に聞けても、信頼のない人からの忠告には却って反発を呼び起こすのと同じである。回り道のように思われるかもしれないが、安心感と信頼感の育成があって、初めてしつけの実際的効果が生じるということに、十分な留意と配慮が必要になる。

（10）信頼・安心感の獲得と行動の落ち着き

当初の子どもの新しい親に対する姿勢や態度は、年齢や個人差などによる変化もあるが、総じて反抗的であったり、よそよそしいものであったりするのが普通である。それどころか試し行動が生じてかわいげがなく、イライラさせられることも多く生じることがあるだろう。新しい親の立場からすれば、自分の努力や苦労が報われず、いつになったら聞き分けが良くなるのか、先行きのめどが立たない中で腹立たしさが募ったりするであろう。さらには、その行動や態度によっては、子どもが異常なのではないかとの思いが生じたりすることもあるかもしれない。

しかし、繰り返しになるが、しつけで矯正しようとすればするほど、双方の安心感や信頼感の育成が損なわれることになるので、却ってぎくしゃくした関係がいつまでも続くことになりがちである。

大人がおおらかでおおような態度を忘れず、まずはしっかりと子どもの生身の存在を受け止め、子どもがかわいいと思う気持ちが自分の中に芽生えてくれれば、それに反応して子ども側の大人への安心感と信頼感が生まれていくことになる。その関係を基にして、子どもの行動は徐々に落ち着きを取り戻し、また少々の叱責では壊れない確固とした親子関係が築かれることになる。

(11) 連れ子関係の育ちあい

父母双方が連れ子を伴って再婚した場合、子どもたち同士の新たな関係がスタートすることになる。このきょうだい関係の始まりを子どもがどのように受け止めるのかは、子どもの性格、性別、年齢、実きょうだいの存在等々、様々な要素によって変化が生じ、反応が異なったものになる。しかし、一つの家庭で共同生活を始めると、お互いの言動やこれまで培ってきた振舞い、作法などの違いから、大人同士が感じるのと同じような違和感や抵抗感を持つことも少なくない。どちらか一方が自分を殺し相手に合わせるという対処は、大人以上に難しいので、早急な調和を求める要求は無理が生じやすくなる。

したがって、当面は子どもと実の親との関係を大切にしながら、徐々に新しい親との関係づくり、そして新たな子ども同士の関係づくりを、無理のない形で育てていくという姿勢が大切になる。

また、新たな父母の関係性そのものが、子ども同士の関係に何かにつけて影響を与えることになるので、父母自身が協力的で相手に思いやる気持ちを示すことが、子ども同士の協調を進めるための近道といえるかもしれない。家庭での新たなルールづくりは、皆が無理のない形で遂行できるよう、話し合いを通して緩やかな形で設定することが望ましい。

(12) 実親（非親権者）との関わり

先にも触れたが、離別した非親権者と子どもとの関わりは、今後さらに重視される方向に進んでいくことになると思われる。このことを前提にすると、父母双方が連れ子を伴って再婚したような場合、それぞれの子どもは、実に多様な親との関係を保たなくてはならないという難しい課題を背負うことになる。子どもの立場に立って考えれば、最も困ることになるのは、親同士の対立や悪感情が子どもに伝達され、子どもを介して間接的な諍いの渦中に置かれてしまうことである。

したがって、社会の流れに沿って単に一定の面会さえすればよいとの安易な考えは禁物になる。できることなら、双方の親の存在が、子どもの成長や人格の形成にプラスに作用することが必要だし、少なくても子どもの心に苦痛や葛藤を起こさせることがないよう、双方の親の気配りとマナーが大切になる。もし、当事者同士でこのような条件の設定が難しいと判断されるような場合は、一方の要求に安易に妥協することなく、家庭裁判所などの公正な仲介者を通して子どもにとっての望ましい関わりの仕方を条件設定することが重要になる。

(13) 実子の誕生と連れ子への感情

連れ子のある異性と結婚し、連れ子との関係においてもそれなりの努力と配慮を行って、比較的平穏に新たな生活をスタートさせていた家庭にあっても、新たな実子ができたことにより、家族の関係が微妙に、かつ大きく変化する現象がしばしば見受けられる。

新しい親にとって、自分の分身としての実子が誕生したことにより、関心と愛情が実子に集中し、その反動として連れ子への態度がよそよそしく、ときには差別的な言動へと変質してしまうリスクが生じるのである。実のわが子としての思い入れや特別な感情は、理性を超えた存在であるだけに、連れ子も含めた子どもの扱いを冷静、平等に処理できるのかと問われれば、難しい要素があることは否定できない。

しかし、あからさまな態度、扱いの違いや、きょうだい間の差別的な言動が日常化しているとすれば、それはもはや心理的虐待の範疇に入ると理解されることになるので留意がいるし、当該の子どもにとっては自尊心や健全な心の成長が損なわれることになる極めて重大な出来事なのだという自覚と認識が必要になる。

「おかあさんはごはんを作ってくれなくて、おとうさんがごはんを作ってくれました。おかあさんは、ゆりかちゃんの所に行ってミルクをあげていて、おとうさんとわたしだけでごはんを食べて、みゆきたち四人は、おかあさんにつくってもらって食べていました。わたしは、おとうさんとごはんを食べおわって、おとうさんからお金をもらって、おかしを買いに行きました。買ってきたら、じんじゃでおかしを食べて、夜おそくまで一人で遊んでいました。帰ってきて、夜ごはんを食べようとしたら、またわたしのぶんが作ってなくて、またおとうさんに作ってもらいました。どうしてわたしのぶんだけ作ってくれないのかわかりません。

わたしのことだけ、おかあさんはけいことよびすてにして、四人だけはちゃんをつけていうので、いやだったよ。おふろにも入らしてくれなくて、四人だけはおふろに入れて、わたしだけは、おふろにいれてくれなかったから、いやだったよ。学校のわたしの先生が、おふろをわかしてくれて、かみの毛をあらってくれました。とてもきもちよかったよ。でも、おかさんにあたまをあらってほしいと思いました。おかあさんは、『おまえなんかいらんわ』といいました。おかあさんは、おにばばと思います。……おかあさんは、わたしのことをきらっています。

わたしは本当は、おかさんがすきです。はやくわたしのことを、すきっていってほしいと思います。そして、おかあさんといっしょにくらしたいと思います

（小3女児作文「児童福祉施設入所児童作文集」[12]）

(14) 再婚家庭同士の交流

再婚家庭では、夫婦だけの新婚家庭以上に複雑な家族の関係や、それらにまつわる多様な出

来事が一挙にスタートすることになる。したがって、いろいろな困りごとに遭遇し、戸惑うことが多く生じることになりがちである。実家の親や友人などに相談することによって、うまいアドバイスを得ることができるかもしれないが、同様の生活経験を持たない人たちには、悩みの実情がわかりにくく、ときには理解してもらいにくいというような気持ちに陥ることもある。

そのようなとき、同様な再婚家庭を経験している方が周囲におられ、その体験や工夫などを聞くことができれば、大いに励まされ問題解決に大変役に立つことがある。そのような事情から、アメリカなどではステップファミリーの団体活動が組織化され、相互の交流が積極的になされているようである。しかし、残念ながら日本ではそこまでの組織化はまだ十分進んでいない。だが、日本でも一部アメリカの団体ともつながって取り組みを進めようという動きが始まっている。ネットで連絡先が公表されているので、関心のある人や他の再婚家庭と知り合いたいとの希望を持っている方は、連絡を取ってみることも可能である。▼13

(15) 豊かな家庭を築くために

父母が再婚をし、新たな伴侶を得て、お互いに支えあいながら人生を共に歩むことができれば、大変うれしいことだし、望ましいことといえる。また、子どもにとっても実親が元気になり、かつ自身も新たな母(父)を得て、より豊かな親との関わりの中で体験を増やし、そしてたくましく成長できたとしたら、これも素晴らしいことである。

しかし、すでにいろいろな側面を通してステップファミリーが遭遇する課題や、必要とする工夫、配慮などを見てきたように、再婚さえすれば機械的にうまくことが運ぶわけではない。むしろ、日々の生活では多くの課題や困難への対応が求められ、思った以上の労力と忍耐を求められることになる。しかし、考えようによっては、それらの試練が家族メンバーそれぞれの人としての成長を促し、お互いのきずなを深めるための糧にもなり得る。お互いの立場や心情に十分配慮しつつ、家族がまとまりのある豊かな家庭になるためにも、一つ一つの課題を焦らず地道に乗り越えることが大切であることを、もう一度かみしめていきたいと思う。

†参考文献

野沢慎司、茨木尚子、早野俊明、SAJ編著『Q&Aステップファミリーの基礎知識』明石書店、2006（平成20）年。

†注

1　島田妙子。自らの子ども時代の被虐待体験（実父・継母による虐待）をふまえて、講演活動や執筆活動、さらには児童虐待対応の専門アドバイザーなど、精力的な活動を展開されている。本業はDVD製作会社の代表。

2　突撃訪問とは、事前の調査のない状態で、通告があったから来ましたという切り口でアプローチする安全確認のやり方。従来第三者から児童虐待の通報があったときは、関係機関などから事前に情報を集め、どのような家庭なのかあらかじめ調査を行ったうえで、最も摩擦が生じにくいアプローチの仕方を工夫することが多かったが、時間的制約が生じたことにより、予備知識なしで安全確認の訪問をすることが増えてきたという実情がある。しかし、訪問を受けた方は誰が通告したのかこだわることが多く、法律上伝えることができないと説明されても、納得がいかず近隣との関係がぎくしゃくすることがあり、地域で支えるという重要さがかえって阻害されることも生じている。

3　大阪市こども青少年局子育て支援部こども家庭課「これからの人生にホップ・ステップ・ジャンプ（おとな編）」「泣いて　怒って　笑って（こども編）」２０１２（平成24）年。▼巻末の資料参照

4　「子どもの権利条約」の前文には以下のような明記がある。
「……家族が、社会の基礎的な集団として、並びに家族のすべての構成員、特に、児童の成長及び福祉のための自然な環境として、社会においてその責任を十分に引き受けることができるよう必要な保護及び援助を与えられるべきであることを確信し、児童が、その人格の完全なかつ調和のとれた発達のため、家庭環境の下で幸福、愛情及び理解のある雰囲気の中で成長すべきであることを認め、児童が、社会において個人として生活するため十分な準備が整えられるべきであり、……」

5　全国社会福祉協議会・養護施設協議会編『続　泣くものか』亜紀書房、１９９１（平成３）年。

6　注５に同じ。

7　養護施設協議会編『泣くものか――子どもの人権10年の証言』亜紀書房、１９９０（平成２）年。

8　施設で育った子どもたちの語り編集委員会編『施設で育った子どもたちの語り』明石書店、２０１２（平成24）年。

9　注５に同じ。

10　注5に同じ。
11　注5に同じ。
12　注5に同じ。
13　SAJ（ステップファミリー・アソシエーション・オブ・ジャパン）子連れ再婚家族のための支援団体。
http://web.saj-stepfamily.org/

第3章

施設での子どもの育ち

1　社会的養護の現状

(1) 施設と入所児童

厚生労働省の作成資料によると、全国の主な子どもたちの施設の数と入所実員は、乳児院、131か所、入所児童3069人、児童養護施設、595か所、入所児童2万8831人、情緒障害児短期治療施設(軽度の情緒障害を有する児童)、38か所、入所児童1310人、児童自立支援施設(主に非行を伴う児童を対象とする)、58か所、1544人、自立援助ホーム(児童養護施設等を退所した児童など)、113か所、749人(2013(平成25)年10月1日現在)と報告されている。

これに里親委託されている児童、4578人(登録里親数9392世帯)、ファミリーホーム(養育者の家庭で養育を行うグループホーム、定員5〜6名)、829人(ホーム数218か所)、(2013(平成25)年3月末現在)の合算が、わが国で社会的養護(何らかの事情で家庭で養育できない子)を必要とする子どもの概略的総数ということになる。

つまり、合算の数は、4万910人であるから、約4万人強の子どもが社会でのケアを必要とし、親に代わってその養育と成長を保障していかなければならないということになる。しかし、すでに見てきたように、従来その受け入れ先は施設に偏りすぎており、里親、グループホーム、施設の受け皿でそれぞれ3等分する方向が、厚生労働省によって明確に提示されている。

厚生労働省がその中間的目標として、2014(平成26)年度までに示している里親委託率の達成目標は、16%とされているが、2012(平成24)末の里親委託率は14・8%であるので、ぎりぎりのライン上ということになる。▼1

なお、近年少子化の傾向が著しく、子どもの数は大幅に減少(この20年間でおおよそ3割くらいの児童数が減少している)してきているが、社会的養護を必要とする子どもの数は、逆に増加傾向にある。

たとえば、厚生労働省作成の資料によれば、1999(平成11)年度末の里親・ファミリーホームへの委託児童は、2122人であったものが、2012(平成24)年度末では、5407人に増え、2・55倍になっている。また、児童養護施設の入所児童数は、1995(平成7)年10月で、2万7145人が、2013(平成25)年10月には、2万8831人になり、1・06倍に増加している。さらには乳児院の場合、1995(平成7)年10月で、2566人であったものが、2013(平成25)年10月では、3069人になり、1・20倍になっている。

これら少子化に反比例する社会的養護児童の増加は、とりもなおさず個々の家庭の子ども養育機能の低下、さらには家庭を支える親族や地域のサポート機能の低下現象が背景にあり、児童虐待の急増とも絡んで、子どもが育ちにくい社会が日本全域に広がってきていることを危惧させる。

（2）施設入所児童の実態

児童養護施設に入所する児童の実態を厚生労働省のデータを基に概観しておくことにしよう。児童年齢の構成は、2008（平成20）年で、0～5歳、15・3％、6～11歳、39・5％、12～17歳、41・1％、18歳以上、4・0％になっており、近年年長児の割合が以前より増加傾向にある。

入所時の年齢は、0～5歳、53・8％、6～11歳、33・9％、12～17歳、11・9％であり、ほとんどが幼児または小学生年齢での施設入所ということになる。

入所児童の在籍期間は、4年未満、52・6％、4年～8年未満、27・8％、8年～12年未満14・1％、12年以上、5・2％、であり、以前よりやや長期化の傾向にある。

施設入所に至った理由は、虐待、33・1％、父母の精神疾患等、10・7％、父母の就労、9・7％、経済的理由、7・6％、父母の行方不明、7・0％、父母の入院、5・8％、父母の拘禁、5・1％、父母の離婚、4・1％、児童の問題による監護困難、3・3％、父母の死亡、2・5%、父母の不和、0・8%、その他、10・5%となっており、近年虐待を理由にするものが著しく増加してきている。

(3) 児童養護施設の形態

2012(平成24)年3月時点における施設寮舎の運営形態は、総数552施設において、大舎50・7%、中舎26・6%、小舎40・9%となっており、グループケアの寮舎所有については、小規模グループケア56・5%、地域小規模児童養護施設24・6%、その他グループホーム5・8%との数字になっている。

なお、大舎は定員数20人以上、中舎13~19人、小舎12人以下、小規模グループケア6名程度、が寮舎の分類基準になっている。

近年、厚生労働省は子どもの個別ケアを推進するため、寮舎のユニット化、また地域の一般住宅を活用した地域化などを政策の柱として推進し、できる限り一般家庭の形態に近づけようと努力している。

2　施設入所と子ども

さて、施設入所が子どもにとってどのような意味を持つのか、その基本をしっかり押さえておくことにしよう。

通常は望まれ生れ落ちた父母の元、その家庭で日々成長していく子どもたちが大半であるが、それとは大きく異なった体験と境遇を経て、子どもたちは施設で暮らすことになる。

そのプロセスの中でショックと傷つき体験を背負った彼らは、行政の措置手続を経て入所委託された養育環境の中で、よりどころとなる新たな人物の存在を得て、かつ試し行動等の愛着獲得のための試行錯誤を通り抜け、自らの境遇の整理を行い、そして、思春期の混乱の山場を乗り越えて自立していくプロセスは、基本的には里親家庭で育つ子どもとまったく同じ道筋であることを理解することが大切になる。

しかし、里親家庭のように特定化された個別の養育者の保持が難しいという現実、また常に集団としての生活環境が基本であること、さらには個別的関わりに制約や限界があること、加えて施設の生活環境が一般家庭とはかなり異なる要素を有していること、また実親や親族等の関わり方に多くのバリエーションが含まれること、等々の条件の差異により、子どもの態度や言動に種々の変化的要素が持ち込まれることになる。

これまで、極めて多くの子どもたちが施設で生活し、そこを巣立っていったにもかかわらず、その回復と自立のプロセスが必ずしも明確に説明されてこなかったのは、集団に埋没し個人の回復・自立のプロセスが見えにくくなっていたことと、条件の違いによるバリエーションが一層そのプロセスを見えにくくしていたこと、さらには、子どもの視点で物事を考える発想より、管理・処遇する職員の視点が優先したことなどが原因になっているように思われる。

しかし、繰り返しになるが基本の回復・自立プロセスは、里親委託児童と同じと理解することが大切で、むしろ、様々な制約がある分、どのような工夫と創意でその回復・自立プロセスにうまく寄り添うことができるのかを、施設職員は常に模索していくことを求められているといえる。

ここで、もう一度里親家庭での回復・自立プロセスを振り返えりつつ、施設との違いについても見ておくことにしよう。

（1）前提としての実親子分離体験と見捨てられ感情

この前提条件は、里親委託児も施設措置児もまったく同じである。

基本的には分離の大きなショック体験と見捨てられ感情を背負っているし、それまでの不安定な養育環境の影響を様々な形で被っている児童が多い。

(2) 実親に代わって里親による新たな個別養育

施設の場合、担当者が決められていることもあるが、職員は基本的には8時間労働を基本とするローテーション勤務になるので、子どもと特定化した形で職員が親役割を担うことは難しい。また、平均的な勤続年数もさほど長いとはいえないため、一日のスパンにおいても、あるいは子どもの成長スパンにおいても、多くの職員が入れ替わる可能性が高い。そのため、特定化した愛着対象、成長の一貫したよりどころとなる存在の確保が里親家庭に比べると難しいという現状がある。

(3) 見せかけの良い子

施設に入所した子どもは、なじみのない環境や大勢の子どもたちに囲まれて、特定の代替的養育者にしがみつきにくい状況にあるので、実親子分離による悲哀感やその混乱反応は里親委託児に比べると長く続く可能性がある。しかし、見知らぬ環境で自分をどう表現してよいかわからない状態にあることは里親委託児童と同じであり、当初の行動には一定の子どもなりのセーブがかかっていることが多いと思われる。

（4）退行と試し行動

個別の養育代替者を得て、その愛着関係を土台から形成するプロセスが、いったんゼロに戻る退行と試し行動の基本であるとすれば、施設の場合特定の大人との関係が固定化しにくく、また常に集団状況に置かれている分、子ども自身の特定の大人に対する退行的言動や試し的行動は、里親家庭ほど顕著で明確ではない。しかし、現在施設の小規模化が進められ、個別ケアが大切にされる方向で進んでいくと、この問題が日常の処遇上の問題としてより大きな存在になっていく可能性が高い。

子どもからすると個別に受け止めてもらえるという感覚が、一時的にはよりその欲求を拡大させる大きな要素になるので、人手を伴わない形だけの小規模化は却って問題を難しくさせる要素があることに留意がいる。

（5）愛情の独占欲求

日常の世話役としての保育士などと、それなりの関係が深まるにつれ、施設児童においてもその関心と愛情を独占したいとの欲求が高まる。しかし常に子ども集団として生活しているため、現実にはこの欲求に応えることは難しい。施設では、よく一人の保育士に子どもたちが鈴なりになってしがみついている風景が見られるが、どの子も自分がお気に入りの保育士を独占したいと強く望んでいる。

この子どもたちの切実な思いと、現実の人手のはざまで、どのような次善の工夫ができるかが日々の養護実践で問われるということになる。

子どもの回復・自立のプロセスには、大人からかけがえのない存在として愛され受け止められたという体験と感覚が必須であるため、皆平等に浅く広く関わるという対処だけでは問題の解決にはなりにくい。

(6) スキンシップと受容、安心感の育成

退行、試し行動、愛情の独占欲求などは、すべて新たな大人との関係で愛着と安心・信頼の関係を形成することが本来の意味であるので、その基本の対処は、受容と安心感の育成にウエイトをおく必要があることは、里親の場合も施設の場合も変わらない。

ただ、里親家庭の場合、多くは2人の大人が1人の子どもに関わる体制であるのに、施設の場合は1人の保育士で少なくても4～8人程度（幼児）の子どもを同時的に見なければならないことが多いので、個々の児童にとって満足のいくスキンシップや受容的関わりはかなり難しい。

さらには、受け入れの度合いを強めると個々の反応はさらに増幅した欲求や言動が生じるのが普通である。里親の場合はある意味自分の生活を犠牲にしてこの対応に終始し、極力納得のいくまで付き合って乗り越えることが一定の期間必要になる。しかし、施設の場合子ども集団が相乗的に反応し収集がつかなくなることが生じるので、集団生活という枠組みを踏まえた形で、かつ個別ニーズにできる限り応えるという微妙で困難なバランス的対処の工夫が求められることになる。

(7) 境遇の整理

子どもが新たな養育者に一定の愛着が芽生え、またその養育環境にそれなりのなじみが生じた時点で、里親には日々の生活の折々で、自分がなぜこの家にやってきたのか、元の家族や親たちは今どうしているのか、親はなぜ自分を育てることができないのか、自分はこれから先どこで暮らすことになるのか、等々、身の回りで生じた大きなショック体験と訳がわからない境遇の大きな変化についての、子どもなりの率直な疑問をぶつけてくるようになる。

里親がこれらの子どもの声に耳を傾け、年齢と本人の自尊心に配慮した誠実な説明を繰り返す中で、子どもは分断された自らの生い立ちを、理解と納得を伴ってつむぐことができるようになる。この作業の最も重要な意味は、自分が親から嫌われ捨てられてしまった結果、今自分がここにいるのではなく、大人たちの行き詰った生活の中で、あなたを大切にしたいという思いが、自分の場合ここでの生活につながっていると、価値と認識を逆転させて理解し納得することにある。

この作業を通して初めて子どもは自分の存在と今の生活を肯定し、現実の課題や将来の目標に向かって希望を託して進むことができるようになるが、残念なことに施設という集団環境においては、子どもと職員の個別の関係や時間が十分でないため、子どもたちの集団的日常の中だけで整理の作業が自然的に深まるという期待は持ちにくい。

したがって、現在少し試みられるようになってきているのは、ライフ・ストーリー・ワークという個別の時間と作業を別途捻出し、子どもの生い立ち記憶を大人の助けを借りてつむぎなおす作業への取り組みなのである。

(8) 安定期

里親家庭においては、愛着が深まり、試し行動も収まって、新たな生活に対する納得と安心が定着するようになると、比較的安定した生活に移行することになる。年齢の段階でいえば一般的には小学生時期がこの時期に該当する。

しかし、施設生活の場合、いまだ見捨てられ感情が払拭されていなかったり、親との関係が割り切れなかったり、個別の代替的養育者やよりどころの確保が難しかったり、集団内での仲間関係の軋轢や難しさを背負っていたりすることも多いので、里親ケースほどの安定とはいかないことも多い。

ただ、相対的には小学生時期は、行動の出方も年長児ほどではないことから、心の中の納得のいかない心理的葛藤が潜在化しているという意味を持ちつつ、表面的には比較的安定して日常生活を送っているように見える可能性が高いということはあり得る（中にはそれなりのサポートや納得を得て今の生活に順応している子どももいるが）。

（9）思春期の揺れ

比較的安定感が高かった里親家庭の子どもにあっても、思春期には揺り戻し的混乱と反抗、家庭外での奔放で枠のない交遊の広がりなど、様々な問題が噴出してくることが多々生じる。

一方施設入所児童にあっては、個別の職員関係での安定が里親ほど密でない分、関係性での混乱は却って低い可能性もある。しかし、本来的な境遇の整理の作業が未解決である、家庭復帰の見込みが持ちにくいままであることの親への不満、集団生活の枠組みや規律などが窮屈であると感じることが多い、友人との交遊の中で存在感を満たしたい、先の見通しが持ちにくい、年長になったことで年少児への支配的言動が生じる、等々の要素が加わり、一般論でいえばより困難度の高い状況に陥る可能性が高くなる。

事実、この時期の子どもたちへの対処に窮している児童施設は多く、往々にして児童自立支援施設等への措置変更、課題未解決のままのやや強引な家庭復帰、早期の自立、等々の緊急避難的対応により、必ずしも適切とはいえない施設退所がなされている現実と、それに対する取り組みの強化対策こそが、一つの重要な施設課題であることを共通認識する必要がある。

(10) 里親の再認識と自立

紆余曲折と混乱の時期を、粘り強くかつ最後まで見捨てずに付き合い通り抜けると、子どもの側に改めて自分のよりどころとしての里親とその家庭生活が新たな意味を持ってよみがえり、感謝の気持ちに転じることが多くの里親実践例の中で示されてきている。そして、その支えられ感をよりどころにして、里子は社会の中で自立を果たし、新たな次世代の家庭を築いていくことになる。そして、里親子関係は一般の多くの家庭がそうであるように一生の関係として持続することも多く、様々な支えあいのよりどころとして存在し続けることになる。

だが、施設の場合、二者関係だけではなく、集団の他者との関係を巻き込む形で混乱が生じることにより、粘り強い関わりにも限界があること、施設には次々に新しい子どもたちが入り、職員も交代することが多いので、退所後の持続した関係も難しいという現実があることは踏まえておかなければならない。
しかし、多くの施設退所者が自分の生活のよりどころであった施設について語るとき、ほぼ例外なく支えとなった特定の個人の存在や、自分の問題に粘り強く関わってもらったことへの感謝などを表明することが多いので、やはり、人を支え成長をサポートするのは、何らかの形で子どもの心と深く結びつく信頼に裏打ちされた個別の存在の力が極めて大きいことを改めて重視する必要がある。

3 子どもにとっての施設

さて、それでは個々の子どもにとって、親と別れて施設に入所すること、あるいは日々施設で暮らすという現実が、どのように映り、またどのように受け止められているのであろうか。ここでは、何人かの子どもの作文からその気持ちがよく反映されたものを拾い上げて紹介することにしよう。

「わたしのおかあさんは、うちのおとうさんとけんかをしたことがありました。けれども、すぐになかよくなりました。だからほんとうは、なかが、よかったんだなあと、おもいます。

わたしは、おかあさんがすきでした。でもどうして、夜いなくなったのかなあと、思いました。わたしは、たいがいおかあさんの言うことを、きいていなかったからだとわたしは、思う。その日のあさは、ゆきが、ふっていたから足あとが全然みえなかった。けれども、わたしは、お母さんが、だいのだいすきでした。
その時わたしは、四才でした。つぎの日みんなわたしのうちにきてそうだんしました。大きくなったらうんとおかあさんのてつだいを、してあげようと思ったのに、おとうさんとわたしをおいていなくなった」

（小3女児作文「児童福祉施設入所児童作文集」▼2）

「お父さん、お母さんどうして私たちを施設に入れたんですか。いくらそちらのつごうがあったとしても私たち四人とも施設に入れるなんて親としてははずかしくないんですか。私は親の顔は一度も見たことはないからそんなことは分からない。だけど私は、お母さんやお父さんを親とは思いたくはない。小さいころから施設に入れて、小学二、三年のころまではきょうだいがいるとは何もしらなかった。今さら親がでたとしても私はぜったい帰りたくはない。それに親の愛は一度も受けとったことなんかない。でもいつかは親をたずねることがあるかも知れない。親がなくなるまでの中で、一度は会って話をしたい。でも私が、将来結こんして子供ができたとしたら、ぜったい施設には入れたくない。ぜったい私と同じようなことはけいけんさせたくはない。親とは思いたくないけれど、だれがどんなことをいっても親はおやだから、お父さん、お母さんとは声にはでないかも知れないけど、心の中では親としてしんようしています。どうかお体に気をつけてお元気でお過ごしください。さようなら」

（中1女児作文「児童福祉施設入所児童作文集」[3]）

「施設の生活では、最初は父と母を思いだし、恋しくて泣いたりもしていましたが、次第に施設での生活が当たり前になり、慣れていったような気がします。

しかし、施設での日常は、家庭的とか安らげるとかいった雰囲気はなく、刑務所と学校の中間くらいの環境の生活が毎日続いているように感じていました。

そして保育者の人数に対し、児童の人数が絶対的に多かったため、個人的なきめこまやかな保育は望むことはできず、要求や甘えも充分に聞き入れてはもらえませんでした。

また、上級生、下級生の上下関係も厳しく、1週間に一度もらえる少額の小遣いを取られたり、気に入らないことがあれば殴られる、蹴られるはよくあったことでした。

また、そういう生活の中で、安心するということがなかったせいか、私は自分の身の周りで起きることに敏感に反応する子供でした。雷や地震などがおこると体が動かなくなるほど怖がっていましたし、誤って夜中に火災報知機が鳴ったときに、パニックでひきつけを起こしてしまいました。でもそんな怖い思いをしたときでも、抱きしめてくれる大人も、もぐりこんでいく布団もなくて、とても寂しい思いを一人で我慢していました。

そのうえ夜尿症もあり、布団を濡らしてしかられる恐怖心から、夜はなるべく寝ないように無理をしていました。このようなことから、今でも少しの物音に敏感に反応し、夜もあまり熟睡できないでいます。

でも何より、施設での生活で一番寂しかったのは、ほかの入所している子は、お正月やお盆に親が迎えに来て、一時的に家に帰ることができるのですが、私と弟には、父が面会に来ることも、迎えに来ることもありませんでした」


（体験発表A子さん32歳、元施設、里子）[4]

「私の中で施設の先生は近い存在のようで遠い存在。勤務時間に来て時間通りに帰っていく。実際、時間通りに帰ることのない人がほとんどだけれど、帰らないからといって嬉しいとは限らないです。それは、先生たちにも生活があるから。もし私たちが先生を引きとめたりしていれば、だれかが悲しい寂しい思いをすることになります。家族があるということはそういうことなのだと思います。

私は知り合いにはなるけれど、それ以上家族みたいな関係には何年かけてもなることはできないと思っています。そしてそこで一本の線を引いてしまうことで、自分自身を納得させることができます。どんな言葉を先生たちから聞いたとしても、私は本気にはしない。こうすることで二度目の納得のできない別れはないと信じています」

（高1女児作文「児童養護施設入所児童作文集」▼5）

「私がはじめて施設ということで心傷つけられたのは、小三のときのことでした。たまにあった弁当持参の日、みんなはプラスチックの弁当を持ってくるのに、私だけ折り箱の弁当だったので、弁当を持っていく日はとてもいやがっていました。でも、いつも仕方なく学校へ持って行きました。ある日のこと、グループで弁当を食べていたら、H君とM君が、私の弁当の箱の形や中身を見て、ばかにしました。デザートのりんごもみかんもありませんでした。

小六のクラブのときには、隣のクラスなのに、S君は『貧乏人はだまっとけ』などと言われ、中学校に入ってからは家のことはだまっていましたが、次第にうわさも広まっていきました。水に垂らしたインクのように。

中二のときにはS子さんが私の家のことで質問すると、E子さんは『やめとき、可哀そうだろう』と言われました。

私が施設で育てられているだけで、そんなに可哀そうに見えますか。私は自分のこと、可哀そうには思っていません。別に食べるのに困ってる訳でもなく、机やこたつやテレビがない訳でもありません。私の友だちのほとんどが誤解している、私は可哀そうな子じゃないんだと叫びたい」

（中3女児作文「児童福祉施設入所児童作文集」[6]）

「小学六年生の二月、二つ違いの妹と一緒に、家から遠く離れた施設に入ることになりました。普通の人たちのように、私もお父さんとお母さんと妹の四人で一緒に暮らしたかったけど、子どもの私にはどうすることもできなかったのです。しかし、時が経つのは早いもので、私が親元を離れてから、はや六年が経ちました。

施設での集団生活がはじまりましたが、一日の流れ、仲間との交流に馴染むまでに少し時間がかかりました。私が中学一年生のころ、仲間関係でとても悩んでいた時期がありました。とにかく『この場から逃げたい』と思い、何回か施設を出ました。

『だれも私を心配してくれる人なんかいない』そんなことばかり思っていました。でも、私の思い込みだと気づかせて下さったのは施設の先生でした。

『なに考えてるの。逃げてばかりいたら問題は解決しないよ』

この言葉を聞いて今まで逃げていた自分をとてもはずかしく思い、新たな気持ちを切り替えて、その子のいる場所から逃げませんでした。これをきっかけに集団生活のなかでも私のことを本当に大切に思ってくれる人がいることを知り、安心して生活できるようになりました。また、中学二年生のころ、不登校になり落ち込んでいた時も、支えてくれた人がいたから学校に行けるようになりました。

こうした私の体験から、高校は福祉ライフ科を受験することにしました。『人の役に立ちたい』と思ったからです。高校に入って老人福祉施設の実習を何度か行いました。おばあちゃんに挨拶をすると笑顔で返して下さり、『今日はあなたのおかげで幸せだったよ』と言って下さいました。

私は、今まで施設で支えられて育ってきました。やってもらうのが当たり前だと思っていましたが、私を大勢の人たちが支えて下さったことに気づき、今では感謝の気持ちでいっぱいです」

（高3女児作文「児童福祉施設入所児童作文集」[7]）

「知らぬ間に慣れてゆく施設での生活……相変わらず苦手な朝や、学校の山走りの時間、いやな先輩……。しかし、家にいるときは経験できなかったいろいろな行事やリクレーション。

大相撲やプロ野球観戦など様々な招待行事。入園式でみた器楽演奏部でドラムをはじめたり、一人っ子のぼくには考えられなかった共同生活。いつも友だちがいて、一人じゃない環境。当然、家族と離れている淋しさやいやなこともあるけど、私は施設生活を楽しむ……。いや、当たり前の生活として受け入れていました。それも共同生活の仲間という存在が大きかったからでしょう。……男性職員は良い意味で怖い存在で『背筋の伸びる存在』でした。多感な中学生、しかも皆訳あってここに身を寄せ、毎日厳しい規則と日課で生活するなか、子どもの主義主張を職員との話し合いでは解決できなくなることもありました。そんななか、自分たちの主義主張を通すために、職員に歯向かう者もいました。もちろん職員と常に敵対していたわけではありません。『一番そばにいるおとな』として生活を支えてくれていました。中学生男子にとって女性職員は口うるさい母親のようであり、優しい年上のお姉さんであったり、一部の男子には憧れの女性でもあったようです。日課や規則は厳しくても、牢獄とは違い、常に職員さんとのコミュニケーションがあり『怖い存在』の男性職員の方々でさえ、一緒に遊んでくれたり冗談交じりに話をしたりと、ある種ここで生活する私たちの潤滑油のような存在でした。

そんな風に感じ出した頃、ある職員さんは時に、私たちの自由時間にこっそり部屋で昼寝をしにサボりに来たり、他の職員さんや子どもたちには内緒で、ちょっとした規則破りなことも一緒に楽しんだり、個人的な趣味の話や、こっそり話すプライベートな話。ある時なんかは、他の職員と喧嘩したらしく泣きながら、『少し部屋にかくまってくれ』なんてこともありました。そんな断片を見た時『絶対的な偉大な先生』から『一番身近なおとなの人』に変わっていった覚えがあります。それと同時に『おとなに信頼されてる』って感じ、数々の秘密の共有などもしました。

また、ある職員さんに『厳しい規則や日課なども君たちが来るずいぶん前からあるもの、今の時代に合わないこともあるだろうし、ただ従うだけでなく、自分たちで変えていくこともできるのでは？』と、生活している私たちのことをとても理解してくださっており、ただ不平不満を言うだけでなく、正式な手段で、変えていく方法をアドバイスしてくださった方もみえました。当時の男子居室は冬になるととても冷え込み、朝方、ガラスサッシのそばに敷いた布団とカーテンが凍りつくこともあったぐらいの環境で暖房器具はコタツだけ。そこに暖房をつけてもらい、雑誌や漫画の持ち込み数の再検討や、当時禁止されていた服装も、時代的には当たり前のものでそれを上役の職員さんに理解していただくための嘆願書作成など、今の生活にも役立つものの考え方や、人との接し方、正面突破だけでない、根回し、交渉なども教えてもらえました。

閉鎖された環境だからこそできる人間関係の中での挑戦や冒険もさせてもらいましたが、

常に職員さんと私たち子どもの間に信頼関係というものが存在していました。ある職員さんが当時言ってくれた言葉で、とても記憶に残っているものがあります。悪さをした子たちに『悪いことはやってみて初めて悪いことに気づくんじゃないの? やってもいない悪いことをやらないように注意したって何が悪いかわかんないよな? だけどこれで悪いことって解ったらもう次はないよな!』。頭ごなしに『悪いことはいけない』って言うのがおとなの役目と思っていた私は驚きました。しかも赤の他人の私たちに多少の無茶をさせてでも見守り気付いてほしいと思ってくれること……

また、ある職員さんは私たちが出来心でしてしまった悪さがとんでもない問題になっていたらしくその指導後、『今回の件で私はこの仕事をやめる覚悟で責任を取るつもりだった。君たちがしたことはルールを破った間違ったこと、しかしそのルールをちゃんと守らせられなかったのは私の責任だからね』。その方は本気でやめるつもりだったらしく、ご家族もいらっしゃりご自分の生活に影響が出るであろうとも、私たちのことを第一に考えてくださっていたこと。四六時中生活を共有しているからこその仲間とのトラブルや信頼関係……。そんな私たちの成長を見守ってくださってる職員さん方……。特別な経験や、楽しいこと、辛いこと……。いろんな経験をしましたが、今までの生活とはまったく違うものではあった施設での生活の中で私は『人とふれあい、共に生きる』人間関係を一番経験させてもらった気がします」

（33歳男性　施設での生活を振り返って）▼8

ここに書かれた施設入所児童の作文（一部成人の体験談）を、順次読んでいくと、家庭崩壊（母の家出）に遭遇したときの、子どもの自分が悪かったからではないかという自責の思い。さらには自分たちきょうだいを施設に預けた親への恨みと、一方でその親をあきらめきれず一日でも会いたいと願う心の葛藤。職員不足の中、耐えるしかない孤独感や仲間関係との葛藤、また親の面会が得られないことによる他児への羨望感や疎外感。愛着を感じる先生との超え切れない距離感や別れへの自己防御。施設生活に起因する社会的偏見や差別観の辛さ。等々が率直にかつ真剣に表現されており、読む者の心にその無念さと切なさが深くしみこんでくる思いがする。

しかし、一方施設職員に支えられて再々の困難を克服してこられたことへの感謝。施設という集団だからこそ味わえた経験や仲間意識。さらには職員の本音や弱さに触れることによって却って人としてのつながりと信頼が増した体験。職員の柔軟で真摯な態度や問題解決の手本が、後の生活につながって生きているとの感想もつづられている。

この作文の一連の流れを見ると、家庭を離れ、傷つき無念の感情を抱えたまま不本意な生活を強いられている子どもたちが、どのようなステップを踏まえて、回復・成長していくことになるのかをよく暗示しているように思える。

このことに気づけば、施設は、子どもたちのそれぞれの回復のステップが、挫折や絶望、あるいは不信のままに終わってしまうことがないよう、限られた人手と条件の中で精一杯の工夫と努力をすることが、改めてその使命であることを心に深く刻み込む以外に方法はみえない。

4　試し行動などへの対応と工夫

（1）子どもの傷つきへの対応と工夫

先述してきたように、突如の家庭分離と見捨てられ感にとらわれて心が傷つき、不安に打ちひしがれた子どもにとって、最も効果のある対応は代理となる養育者の優しさにあふれた抱き留め（抱っこ、おんぶ）とスキンシップの提供である。

しかし、限られた養育者で多くの子どもたちの世話をすることになる施設にあっては、子どもの納得のいく十分な人手をかけた対応の提供は不可能に思える。であるとするなら、できる限り個人個人の不安な気持ちを受け止めようとする種々の工夫を取り込む必要がある。

たとえば、子どもたちは夜寝るときに却って不安が強くなる。昼間は大勢の他の子たちに紛れていたり、日課に沿ったあわただしい行動の中で時間が早く推移してしまいがちであるが、夜寝る段になると親や家庭がひとしきり恋しくなり心細さもそれだけ大きく感じるようになる。そのような心境を踏まえれば、本来一人一人の子どもに職員が優しく添い寝をし、布団を軽くトントンとたたきながら寄り添う大人の体温を感じながら眠りにつかせることが望ましいが、残念ながらそのような潤沢な職員は配置されていない。そこで少しでも本来の目的にかなう対処を工夫することが求められるということになる。

ある施設では、この状態下での個々の子どもを少しでも心地よくするために、その場にいる個人の名前を入れた子守唄を歌うことを実践している。今日はAちゃんがしっかりご飯が食べれて良かったね〜♪、とか、Bちゃんは◯◯が上手にできたね〜♪、とかを子守唄風に歌うというのである。子どもにとってみれば自分個人がしっかり保育士に認められているということを実感することにつながるので、これは立派な工夫的対処ということになる。

さらには養育者にしがみつきたくてもしがみつくことができない子どもの状況を踏まえれば、通常の枕で寝かせるよりは、抱きつき枕や大きいぬいぐるみを抱えて寝る方が不安は低減される。

筆者の経験では高校生くらいの生物の時間に習った記憶があるが、母親から分離された子ザルの反応が大切なヒントを提示している。分離された子ザルに代理としての針金で作った母ザルと、柔らかいぬいぐるみで作った母ザルを与える実験である。不安が強い子ザルは針金の母ザルには見向きもしないが、ぬいぐるみの母ザルにはしっかりと抱きつき、しがみつく反応を示すのである。つまり、不安を抱えた子ザルにとっては、柔らかく温かい代理物にしがみつくことによって、多少とも不安の解消につながるということを示す実験ということになる。

また、話は変わるが、ある施設は抱っこボランティアを導入し、一時多くの幼児を存分に抱っこするという取り組みを実践している。本当は子どもが最も愛着を感じている保育士にしてほしいと思うが、それができない状況下で何もしないよりは次善の取り組みでその欲求に応じようとする試みであるから、これも立派な工夫ということになる。

さらには、常に集団だけで子どもと対峙するのではなく、たとえ5分であってもいいから個別の時間を取り入れる試みも大切である。複数の里子を預かる里親さんの話にもあったように、どの子にも個別の時間を取り、そのときにあなたが好きだよというメッセージを伝えることにより安定度が高まるという体験話である。愛情を独占したいという子どもたちの強い欲求、しかしそれがかなわない中での大切な実践的工夫の一つとして留意願いたいと思う。

また、子どもにとってよりどころとなる大人の存在はその成長にとって必要不可欠な存在であるが、必ずしも施設内だけで確保しようと思わず、外部の人材を活用することも大切な工夫の一つになる。

2011（平成23）年、カンヌ国際映画祭で審査員特別賞を得たベルギー映画『少年と自転車』は、日本でも上映された。この映画は、施設にいる11歳少年と週末里親になった若い女性との交流の物語である。父親によって施設に預けられ、その父親に引き取ってもらうことを願望する少年が、期待かなわず自暴自棄に陥るのを、一人の週末里親が救い、その関係の中で新たな自分を見つける再起と回復の物語である。

聞くところによると、監督の映画製作の動機は、施設の屋根に乗って親の面会を待ち続ける子どもの話を日本の施設関係者から聞いたのがきっかけのようであるが、ベルギーでは施設のすべての子どもに週末里親をつけることが義務化されているという。それは、筆者から見ると、施設の子どもにとって寄り添う大人がいるとの不変の確信からくる、国を挙げての基本施策のように感じる。日本でも週末里親は存在しているが、その運用は個々の施設や児童相談所などに任されているところが多く、子どもの回復、成長にとって何が必要かの煮詰めた考えの結果としての制度にはなっていない分、まだ十分な制度にはなりきれていないように感じる。

さらには、施設入所児の多くが語るつらい体験としての仲間集団の軋轢と年長児の支配的な言動は、傷ついた子どもの心の安定を図る意味でも、改善と集団の安心な雰囲気づくりへの努力が必要とされる。被虐待児の行動特性として、力関係に敏感で、力の弱い存在に支配、威圧的言動を示す（立場を変えた被虐待体験の再現）ことが知られている。大人の目が届きにくい死角空間の矮小化、集団の小規模化、年長リーダーへの特別の配慮、職員間あるいは職員と子ども関係の非支配的関係性の構築、子ども集団の自発的活動の助長、年齢や性格に配慮したグループ構成等々、弱い存在の子どもであっても、安全と感じることができる生活空間の確保は、極めて大切な日常テーマの一つであることを常に留意しておかなければならない。

また、年長児がしばしば語ることがある、一人になれる空間の確保なども、すべてが集団という、ある意味気の休まらない施設環境を考えれば、重要な対策として位置づけられるし、ときにはどうしようもない腹立ちや鬱憤を発散させるのに役立つサンドバックなども、施設の子どもたちの不本意な実体験を踏まえて考えれば、必要グッズとして備え、活用することも望まれる。

つまり、生活の端々、日常の生活の全視野において、傷つきを伴った子どもへの癒やしの対策を、いろいろな工夫を施して整備していくことを、施設は常に求められているという自覚と認識を持つことが大切ということになる。

(2) 退行、試し行動などへの対応と工夫

ホールディング、タイムアウト

子どもが混乱し、暴れたり、わめいたりの行動のさなかにあるとき、職員の取るべき対応技

術として、かなり一般化してきているのが、ホールディングとタイムアウトである。この手法はアメリカから伝わってきた処遇技術の一つである。

子どもの荒れた行動をセーブするためには、職員が身体で抱え込むことで抑止し、しかも肌でしっかりと抱き留めるというスキンシップの付与も意味し、二重の意味で効果的と説明されている。

また、タイムアウトも、興奮状態のまま追いつめてもますます興奮がひどくなるので、いったんその場を離して静かな環境を与え、興奮が収まるのを待って新たに話をする方が良いという、かなり実践的で身近な対応技術として普及してきている。しかし、中には暴れる子どもに、「タイムアウト」と称し隔離部屋に閉じ込めるという実践があることを見聞きするが、懲らしめの道具として隔離部屋に閉じ込めるのは、本来のタイムアウトの考えではないことを理解しておかなければならない。

なお、子どもが興奮したり、無理な要求に固執したり、あるいは暴れたりしたときの対処は、何も前記二つだけの対処ではなく、より様々な工夫を凝らした対処を職員は実践として展開できなければならない。そこで前記以外にも効果がある対処のいくつかを提示しておくことにしよう。

言語化（気持ちの代弁）

心の感情や思いを言葉でうまく表すことができない者ほど、直接的な行動になって表出することになる。赤ちゃんの場合はすべての思いをただ泣くという行動でしか表現することができない。しかし、徐々に言葉が発達してくると、自分の感情や欲求を言葉で大人に伝えようとするようになる。そして、言葉で表現ができるようになるほど、癇癪や行動で思いや感情を直接表出することは少なくなる。いわゆるこのプロセスが子どもの社会化であり、成長ということになる。

しかしこの言語による表現力はかなり個人差があり、苦手な者もいる。そして、苦手な者ほど、直接叩きにいったり、暴れたりの行動として自分の感情や思いを他者にぶつけることになる。そのとき、養育者はその問題となる行動を、ただ叱ったり、制止しようとするのではなく、背後の気持ちを受け止め、その気持ちへの理解を示すことが、子どもの納得した気持ちにつながることになる。

「今腹が立っているの？」「何に怒っているの？」「そうか自分の物を取られて腹が立ったのか？」「自分の気持ちが無視されて怒っているのだね！」などと、気持ちに対する言葉のキャッチボールを行い、その気持ちへの理解の態度を取ることによって、子どもは一方的に自分が無視、否定されたとの感覚が和らぐ。そのうえで叩くという直接の行動ではなく、言葉で思いを伝えることを指導するようなやり方を工夫することが、結果的には子どもの言語化を促進させ、行動をセーブさせる働きにつながることになる。

言い分の受け止め、人格を否定しない、叱る意味の説明

被虐待児の多くは、親から暴力的で理不尽な扱いを受けてきている子どもが多い。親の気に入らない言動があったとして、有無をいわせず怒鳴られ、叩かれ、人格を否定される言葉を浴びせられるような日常を送ってきている。少なくともそのような環境から保護された子どもが多いという実情を踏まえれば、職員がその親と同様な言動を取ることは絶対避けなければならない。もし、子どもの挑発的な言動に乗ってしまい、親と同様の対処をすれば、子どもの人物観や世界観は、理不尽でゆがんだ認識を一層強化してしまうことになりかねない。

多くの被虐待児に、あなたがなぜ叱られ叩かれたのかを問いかけても、子どもはそれがなぜかわかっていないことが多い。親は「お前が悪い」とはいっても、明確な理由はいわず、ただ怒鳴りつけ、叩くという直接的行為に及ぶことが多いためである。

したがって、職員に求められる態度は、親とは異なった、しっかりと子どもの立場や思いに添った注意の与え方ということになる。

つまり、不適切で混乱した言動の背後にある言い分や思いの受け止め、頭ごなしに人格を否

定するような言動の排除、なぜ叱るのかの理由を明確に伝える、などに配慮した対処を心掛ける必要がある。

子どもは、仮に自分が悪いことをして叱られるようなときであっても、これまでの親とは異なる対処をする大人がいるという体験を通じて、新たな問題への対処態度を学習し、またゆがんだ人物観や世界観の修正につながることになり、調和的な社会生活態度を身につけるのに寄与する役割を果たすことになる。

叱った後のフォロー

職員であったとしても、生身の人間である以上、ときに感情が高まり、腹が立って必要以上に怒りをぶつけてしまうようなことが往々にして起こり得る。むしろ、常に冷静で相手や状況を踏まえて対処できるという人の方が少数と考えるのが自然である。

このようなとき、子どもにとっては叱られた後のフォローがあるのとないのとで、職員への後の印象が大きく異なってくる。子どもが必要以上に理不尽に叱られたと感じているとき、しばらくしてその職員から個別に話があり、「あのときは厳しく怒ってしまい、すまなかった」「でも、そのときの意図は○○だった」「これからは自分も叱り方に気を付けるので、君も○○の点には気を付けてほしい」などとフォローの話があったとすれば、子どもの気持ちの中にある腹立ちや、職員に対する嫌悪感はかなり和らぐことになるだろう。

職員は往々にして指導職員としてのプライド、あるいは自分の行為が正当であるとの思いなどに縛られて、フォローすることや謝ることに抵抗を感じる者も少なくないが、施設経験者の手記にもあったように、職員の本音や弱さなど、生身の存在としての親和感が感じられたときに、子ども職員関係が却って深まるという事実にも留意した対応や、関係構築を心掛ける必要がある。

自己選択の提示

ある児童養護施設の実践報告を聞いていると次のような報告があった。

幼児のA子は、特定の保育士に愛着を感じ、寝床に着いたときその保育士から添い寝の形で布団をトントンとしてもらうのが最も安心感を得る睡眠になっていた。しかし、施設のローテーション勤務では、常にその保育士がいるという形は不可能で、ときに勤務から外れてしまう夜があった。

そのとき、代わりの保育士が、「今日はいつもの保育士がいないので、私が代わってトントンしようか」と語りかけても、その幼児は納得せず、執拗に大泣きし対応に窮するだけでなく、周りの子どもたちも寝られないという混乱が、定期的に生じるのが悩みの種であった。

ある日、代わりの保育士が、同じ状況下でA子に二つの選択肢を提示した。「今日はいつもの保育士がいないので、私が代わってトントンしようか?」「それとも今日はぬいぐるみを抱っこして一人で寝る?」「どっちがいい?」という提示であった。A子はしばらく考えたのち、「今日はぬいぐるみと寝る」と後者を選択し、静かに布団に入ってぬいぐるみを抱いて一人で眠りについたのだという。

以降、特定の保育士がいないときも、A子の混乱はなく、幼児たちの睡眠帯にひと騒動が起こることは解消されることになった。

また、同じような別施設の報告が、年長児の事例においてなされていた。

B子は中学三年の我が強い手のかかる児童であった。ある日施設の子どもたちを伴い、大型遊園地に一泊旅行に出かけることになった。遊園地近くの旅館に一泊し、翌日遊園地で遊んで帰園するという計画であった。ところが、旅館で夕食後、B子が腹痛を訴えだした。職員が市販の腹痛用の薬をB子に差し出すと、そこからひと悶着が起き収拾がつかなくなった。「そんな薬は飲めない。学園でいつも使う薬でないといやや」。なだめてもすかしてもB子の主張は変わらず、混乱がますますひどくなった。

そこである職員が選択的提示を行った。

「それでは、これから職員が一人付き添うから園に帰って、園に置いてあるB子がいう薬を飲むようにする？ しかし、再びここに戻ることは不可能だから遊園地で遊ぶことはあきらめなければならないよね」「それとも今日はこの市販の薬を飲んで様子を見て、明日大丈夫なら皆と一緒に遊園地で遊んで帰る？」「どちらがいい？」

B子はしばらく考えた後、「市販の薬を飲んで様子を見る」と自分の選択を示し、服薬後職員におなかをさすってもらって甘えた様子を示していたという。そして、翌日は皆と遊園地で大はしゃぎをして楽しんで帰ったのだという。

大人は、今の状況下でどうすればよいのかすぐに判断がつくので、その考えを子どもに提示し、それに従うことを求めようとしがちである。しかし、仮にその判断が正しいとしても、子どもの納得とは次元が異なる問題で、子どもの納得のためには、その立場に立った丁寧な対応が必要であることを、この二つの事例は教えてくれる。可能な限り、子ども自身の判断で選択できる余地を与え、子どもが主体的にその選択肢を選び取ることで、子ども自身の納得が得やすくなり、無理な混乱が低減されることを実践の中で工夫することが大切になる。

気分転換

一般の家庭においても、子どもがむずかったり聞き分けがよくなかったりするときに、よくとられる方法が気分転換である。子どもの関心を他に逸らし興味のある方向に誘導して、今の否定的な感情を和らげたり、新たなプラスの感情にいざなったりする方法である。考え方は、タイムアウトと似ている。こだわりのある事柄にそのまま向き合っていても、さらに興奮したり感情が高ぶったりするのを防ぐために、場面や状況の切り替えを行って落ち着かせたり、普段子どもが興味のあるような事柄にいざなって、行き詰った状況をほぐそうとするものである。

子どもによっては、即効的効果が見られて気分を持ち直すこともしばしば起こり得るが、総じて年齢があまり高くない子どもの方に有効性があるように感じられる。

切れたり突き放したりせず、粘り強く付き合う

里親家庭における退行や試し行動は、親子関係が限定されているだけに、執拗で一時期は全エネルギーを吸い取られるような気がするが、相当自己犠牲的に対応したとしても、落ち着くまで数か月から半年ぐらいはかかるのが一般的である。施設の場合、集団という枠組みの中で、個別の対応を徹底できない分、より時間を要すると考える必要がある。こうなってくると、短期の成果を期待するより、最後は切れたり突き放したりせず、粘り強く付き合う姿勢が最も必要な要件ということになる。子どもも後には自分の課題に職員が粘り強く付き合ってくれたということを肯定的に受け止めることが多いので、後年必ず苦労が報われるとの楽観的信念で、対処する姿勢が必要になる。

行動の背景と気持ちをくみ取る

以上見てきたように、要は子どもの立場やこれまでの背景、またその気持ちを丁寧にくみ取り対処することが職員に求められているのだと自覚することが大切になる。たとえば、虐待がなぜ生じるのかといえば、直接的には、親の思いが優先し、子どもの思いを無視した形で親の望む行動に無理やりにはめ込もうとする姿勢から生じていることが多い。これは施設職員に置き換えても同じことが起こり得る。

忙しい時間帯に子どもに薬を飲ませなければならない。しかし、子どもが嫌がってなかなか飲もうとしない。いらだった職員が子どもの鼻をつまみ、息苦しくて開いた口に薬を入れ込み、今度は顎を持って口を閉じさせ、無理やり飲ませるという処遇が実際に生じたことがある。意図は必要な薬を投与しなければならないという、ある意味責任感からきているとしても、子どもの思いや意思を無視して、強引に強制したとしたら、結果的には虐待の親と構図的にはあまり変わらないということになってしまう。

子どもの気持ちをくみ取りつつ、日々の実践で応用をきかせた対応を心掛ける。言葉では理解できたとしても、それが実践現場で柔軟に対処できるのかどうかは、相当の知識と経験が求められることになる。

筆者は福祉系の大学で教員をしている関係で、学生を社会福祉士資格取得のための実習に送り出す仕事をしてきた。実習現場は、学生にとって大学での座学とは異なり、大変刺激と経験に富む体験になっていて、その効用は実に大きいものがある。実習を終えた学生は、必ず実習報告を行い、失敗も含めた体験を披露することになる。

児童養護施設に実習に行ったある女子学生が次のような報告を行った。

児童養護施設では、主に幼児を担当する部署で実習をすることになった。日々幼児の世話や遊び相手をし、子どもたちも忙しい職員とは異なって、ゆっくり世話を焼いてくれる実習生に愛着を感じ周りにまとわりつくようになった。

そのような状況下、ある年長の幼児が唐突に実習生に話しかけてきた。「私のお母さんになって！」。実習生は突然の女児の問いかけにどう答えればよいのか戸惑い、棒立ちになってしまった。しばらく間をおいて実習生は答えた。「お母さんにはなれない」。それを聞いた女児は一瞬顔色を変え、その実習生のもとを離れると、以降二度と実習生のもとに近づくことはなかったと語った。

実習生は明らかに失敗の体験と感じていたが、いまだにどう答えればよいのかわからない様子であった。報告を聞いていた他の学生たちも、どう返答すればよいのか明確に答えることができる者はいなかった。

このエピソードからもわかるように、子どもの気持ちをくみ取ることを原則に、生活の場で臨機応変に対処することは、実はかなり難しい作業であることがわかる。では、このようなとき、どう返答すればいいのだろうか。

実習生のこだわりは、子どもの問いに正確に答えなければならないという意識である。しかし、そうではなく、言葉の裏にある気持ちに応えることを重視しなければならないのである。言葉の意味の正確さにとらわれると、「母親になるには養子縁組をしなければならない」「私は独身であるし、今この子と養子縁組をし、今後母子として生活していくことは難しい」。そのように考え出すと、答えは「母親にはなれない」という結論しか出てこないということになる。「私のお母さんになって！」という幼児の言葉に秘められた気持ちに応えるのである。子どもの背景がわからないので十分に理解することは難しいかもしれないが、子どもの思いを確認するための会話を少し続けなければならない。「お母さんがいないの？」「いるけど面会に来てくれない……」「お母さんが会いに来てくれないからさびしいんだね」「お母さん病気だからこれないの」「前はお母さんと暮らしていたんだね」「そう、お母さんと弟と三人で……」「お母さんは優しいんだね」「いつも一緒に遊んでくれた」「いつも何をして遊んでくれたの？」「よく絵本を読んでくれた」「お母さんに絵本を読んでもらうのが好きだったんだね」「それでは私がお母さんの代わりに絵本を読んであげるね……」

このような言葉のキャッチボールがあり、幼児の言葉の裏に秘められた思いに、実習生が添い、そしてその切ない思いを少しでもくみ取ることができていたら、幼児の反応はまた異なったものになっていたに違いない。

往々にして子どもの発する言葉を、大人と同じレベルで解釈し、ただ正確に答えることだけの対応になったり、子どもの言葉をあたかも大人からいわれたかのように本気で受け止め、腹を立てて怒りの感情をまともにぶつけてしまったりすることが、まま生じやすいことには留意がいる。

(3) 境遇の理解

境遇の整理は、不本意な親子分離を経験した子どもたちにとって、なくてはならない作業として位置づけられる。その意味は、繰り返しになるが、嫌われ捨てられた結果としての今の自分ではなく、大人たちの行き詰った生活の中で、あなたを大切にしたい、幸せに大きく成長してほしいとの思いの結果が、今の自分の境遇につながっているとの、認識の転換に切り替える作業なのである。

先にも触れたように、里親家庭では、一定の安定を得た時期に、子どもは自分の家族のことや里親家庭に来た理由、あるいはこれからの生活、等々について、折に触れて問いかけてくる。

そして、その問いかけに誠実、かつ年齢に沿って配慮した説明を繰り返す中で、子どもは自分の境遇を理解し、子どもなりのストーリーを持って自分を語ることができるようになる。この転換によって初めて子どもは今の自分の存在をニュートラルに理解し、ときに隠れた親の期待や思いを感じとり、そして今の課題に向き合い、将来に希望を持って進むことができるようになる。

しかし、集団生活を前提とする施設にあっては、子どもたちは自分の家族のことやこれまでの生活、施設に来た理由、そしてこれからの生活、等々が気になっていたとしても、それを話題にし、また職員に問いかけるようなことはほとんどない。日々の集団生活が忙しく流れ、またあわただしい職員と一対一で話し合える時間がほとんど作れないからだ。

本来、家庭から離れ施設で暮らすにあたっては、親や児童相談所の職員などから、年齢に応じた誠意ある説明を受けていなければならない。しかし、親は子どもへの引け目から説明をごまかしたり端折ったりすることが多いし、児童相談所の職員も親とはいろいろ話し合っても、子どもと時間を取って十分に納得のいく説明をすることはむしろ少ない。結果として子どもは、訳のわからない形で生活を分断され、見捨てられ感を背負ったまま施設での生活をスタートさせることになる。

このような状況を踏まえれば、一つには施設入所時点での親や児童相談所職員による丁寧な説明、さらには施設生活がそれなりに安定し、よりどころとなる職員が得られた時点で、その職員と児童相談所職員などによる協働での生い立ち記録の整理（ライフ・ストーリー・ワーク）などを積極的に取り込んでいく必要がある。現在、児童相談所から入所先の施設に手渡されるケース記録は、子どもに見せることは一般的にはされていない。しかし、本来子どもの記録である以上、子どもの年齢や理解のレベルに応じて開示されてもよい資料であり、ライフ・ストーリー・ワークなどがより定着すれば、その作業時の良き資料として活用を図ることも考慮するする必要がある。

ちなみにライフ・ストーリー・ワークはイギリスで盛んに提唱されている取り組みのようであるが、聞くところによればイギリスの施設ではすべての子どもにその作業が義務化されているという。つまり、不本意な家庭生活からの分断と、見捨てられ感を背負った施設入所児の回復を考えると、その作業が必要不可欠の作業であることを国レベルで気づいたからに相違ない。しかし、残念ながら日本においては、ようやくその入り口にさしかかった段階に過ぎない。

さてここで、２０１４（平成26）年、名古屋で開催された子どもの虐待防止学会のライフ・ストーリー・ワークの分科会で発表された、ある当事者の文章を紹介しておくことにしよう。

「現在30歳。5歳で両親離婚、児童養護施設に2歳年下の弟と入所。入所理由は、親権の奪い合いの中とりあえず施設と聞いた。親権は父親がもつが、その後蒸発し14歳まで施設入所した。

退所のきっかけは、10歳時、子どもの権利条約の批准により、初めて？　担当ワーカーが来て、子どもたちを別室に呼び『何か困っていることはないか？　施設でつらいことはないか？　親を探してほしくないか？』など聞かれた。同じ年の女の子が『母親探してや』との言葉により母親を捜索。私についても、母親が捜索され、14歳時『母親が見つかった』と言われた。母方は私たちが施設にいることを知らず、一刻も早く家庭引取りを希望し、母と再開後わずか4か月で家庭引取りとなる。

10数回の外泊・外出後引取りとなり、関係性は構築されておらず母も私たちも関わり方に困った。

施設は50人の大舎制だったが、入所中の子どもの家庭背景やなぜ施設で生活しているのかは話はしたことがない。何となくみんな察しているから聞かないし話さない。でも本当は一番気になることだった。今思うと、なぜ施設で生活しているのかの話を子どもにきちっと話してほしいと思う。私は『父がいつか迎えに来てくれる。母が私たちを捨てたんや』と思い続けて生活していたので、再会後、母は私たちを泣く泣く手放したことや、父からどれだけつらい目にあわされていたのかなどの話を母方の人たちから散々聞かされたが、『いや違う。

母が私達を手放した』と何年も受け入れられず、母と向き合うことはできなかった。今は私も大人になり、母を理解でき、関係もよいが、当時はとてもしんどかった。もっと早く事実を知っていれば、母との再会もその後の関係性も変わっていたと思う。ただ、事実を知るタイミングやその時の子どものメンタル面や成長に沿ったタイミングで話すことが大切だ。それができるのは常日頃子どもに寄り添っている信頼関係が構築されている施設職員じゃないかと思う」[9]

5 家族再統合支援に向けた協働

(1) 家族再統合が抱える課題

家庭に事情を抱えている子どもを、いったん児童福祉施設で保護し、その養育を代替することが施設の重要な役割であるとしても、そのまま施設で自立に至るまで養育することが必ずしも施設の役割とはいえない（結果的にそのような形になる子どもも多くいるが）。

親が何らかの形で家庭の養育機能を回復させ、子どもを施設から引き取って、再び親子での生活が可能になるのであれば、それに越したことはないし、多くの子どもたちもそのことを強く望んでいる。

しかし、このプロセスには多くの困難が存在している。家庭に引き取られた後、親の虐待や攻撃にあい、悲惨な結末に至るケースも決して少ないとはいえない。むしろ、筆者の長年の実務体験を踏まえていえば、引き取りという形は新たなリスクの始まりであって、決して楽観的に喜べるような単純な事象ではない。

2004(平成16)年の児童福祉法改正のときに、児童福祉法第28条申立て(家庭裁判所承認による児童福祉施設入所)ケースが、2年ごとの更新制に切り替えられたことによって、家族再統合が強調されるようになった経緯がある。

つまり、施設入所後の2年先に再度家庭裁判所の判断が入る仕組みが敷かれることになった影響である。このとき、児童相談所はどれだけ家庭復帰に向けた親指導を実施したのか問われ、施設は子どもの改善がどれだけ実現したのか問われるため、施設に子どもを保護した後、家庭復帰の調整を何もしないというわけにはいかなくなったのである。このような経緯もあり、施設入所後の子どもの家庭復帰を目指した調整作業は、児童相談所や施設などの新たな重要な業務に位置づけられている。

しかし、アメリカの制度と比較すると、日本では大きな矛盾や課題を抱えており、その困難さが改めて浮き彫りになる。

たとえば、アメリカでは最初から家族再統合が目指されるケースと家族再統合が不適切と判断されるケースの基準が明確に規定されており、むやみやたらに再統合を目指すことはないからである。加えて再統合を目指すケースは、日本の基準からいうとかなりマイルドな虐待ケースであり、日本で家庭裁判所の承認により施設に入るようなケースは、当初から再統合除外ケースとして扱われることが多い。

しかし、日本では除外ケースの明確な基準はなく、裁判所に上げるような困難ケースであっても例外とはされず、裁判官から家庭引取りの具体的計画などを提示するよう求められることも多い。

加えて、アメリカでは、親に対する改善指導がかなり丁寧になされる。基本的には裁判所命令で、たとえば親の養育技術を高めるためのペアレンティングの受講命令、あるいは精神的安定を必要とする親にはカウンセリングの受講命令、ときにはアルコール依存等の治療命令など、必要に応じた改善命令の履行が義務づけられ、その履行が十分でなければ、子どもの引き取りは許可されることはない。さらには、子ども引取り後もケースワーカーがかなり密接に家庭訪問し、家事や育児の実際の指導を実施することも一般的である。

これに比べると、日本は親の改善や指導の強い枠組みが存在せず、児童相談所の提示に答える一部の親だけが、ペアレンティングなどの改善プログラムの履行が可能になる。そして、課題の多い他の多くの親は、その提示に乗ってこないため、いわば、親の改善があまりなされないままの引き取りになってしまっていることが多い。

そのため、実務では多くの場合、面会や外泊を何度か繰り返し、親子関係の慣らし活動をメインにした再統合がなされることが一般的である。しかし、基本的に親自身が抱える問題は解消していないことが結構あるので、引取り後再び親子関係がこじれるケースも少なくないのである。

(2) 家族再統合と子どもの反応

もう一つの大きな課題は、再統合の後、子どもにどのような言動が生じやすいのか、児童相談所職員や施設職員に十分な理解が行きわたっていないことである。そのため親に事前教育としての丁寧な説明や、言動の意味、さらにはその子どもに対する親の取るべき基本的スタンスなどが十分話し合われることなく、再統合が実施されている現状がある。

子どもがどのような年齢で、どのくらいの期間、親からの分離を体験したのかで、かなりバリエーションに幅があるが、特に乳幼児期の愛着形成時期に年単位で分離体験を有しているような場合は、再統合の作業は相当困難な道筋をたどることになる。

基本的には、施設から里親に委託されたときと同じような反応を子どもは示すことになり、この理解が十分でないまま、引き取られたようなケースは、良好な親子関係が形成される方がむしろ少数であるとの認識を援助者は持つ方がよい。

里親の場合は、事前に子どもの退行や試し行動が少なくても数か月から半年程度にわたって起こることを伝える。そして、そのときはしつけで矯正しようとするとうまくいかないこと。できる限りおおようで、おおらかな態度で対処するよう留意し、子どもが親に安心や、信頼感を感じることが大切であること。そのことによって問題行動が落ち着き、またそれ以降の親子関係の基本ができることを、かなり強調して教育する。しかし、施設からの引き取りに際してこのような親との話し合いが必ずされているかというと、現実には極めて不十分としかいいようがない。

そのため期待を持って引き取った親は、子どもが年齢に反して幼稚であったり、聞き分けがなかったり、嘘をついたり、素直に謝らなかったりすることなどにイラつき、施設のしつけがなっていないと批判し、自らのしつけで矯正しようとするため、逆に親子関係がこじれる結果につながりやすくなる。

引取り後の多くの親が共通に訴える、素直に謝らない、嘘をつくなどという子どもへの不満は、親子の安心した関係がまだ育っていないことに起因している。安心した関係が存在すれば自分の非もそれだけ認めやすくなるし、嘘でごまかす必要も少なくなる。しかし、その関係が未確立のときは、子どもは相手の非難や攻撃を避ける方向にエネルギーが向かい、それだけ自分の非を素直に認めることができなくなってしまうし、自分を正当化させるために嘘でごまかそうとする態度に終始しやすくなる。

ある施設から、小学生時に里親家庭に引き取られた経験を持つ女性は、自らの体験を以下のように語っている。

「私にはおねしょ癖があり、里親宅での一日目におねしょをしてしまいました。そのことを里親から指摘されたのですが、『自分でない』といい張りました。里親からはあなたしかいないといわれましたが、『猫が入ってきてした』と嘘をついてごまかし、あくまで自分がしたと認めませんでした」

この、子どものかたくなさは、大人から見ると強情で見え透いた嘘をつく子、ということになるが、本当のことを白状させようとする厳しい態度に大人は出るのではなく、子どもの孤独でゆとりのない心情に配慮した、時間をかけた安心感の育成こそが、子どもの言動の安定にとって最も望ましい態度ということになる。

児童相談所や施設の職員は、子どもが家庭に引き取られた後、ごく短期の見せかけの良い子の時期を過ぎると、退行や試し行動（聞き分けがなかったり、嘘でごまかそうとしたり、幼稚な言動が少なくても数か月から半年くらいは続く）が生じて親を悩ますことになる。それは親との関係で、年齢が高くても、精神的にはもう一度赤ちゃんに戻り、しっかりと世話をしてもらうことで信頼や安心の土台を作ろうとする意味がある。赤ちゃんの行動をしつけで矯正しないのと同様、この時期はできるだけおおらかに対処してもらう必要がある。そして、子どもの心に親に対する安心感が根付くと子どもの行動は落ち着き、以後の安定した親子関係の土台が形成される。決してしてはならないことは、子どもの困った行動を強いしつけや罰でコントロールしようと思うこと。一見遠回りのように見えるが、それが結果的には近道の親子関係再形成の方法であると、自信を持って親に伝える必要がある。

さらに一点、施設という集団生活の環境や生活様式が、一般家庭の生活様式と微妙に異なるところから生じる違和感への理解と配慮も重要な家族再統合の課題になる。

引取り後の親たちがしばしば口にする子どもへの不満は、この生活様式の違いから生じている部分があることも否定できない。

「この子は自分の物と他人の物の区別がつかない」「持ち物の管理ができない」「親に対して敬語や丁寧語を使わない」「挨拶や返事をしない」「自発的に家の手伝いをしないし自分の課題に取り組まない」「お風呂に入ればお湯が汚れて後の者が入れない」等々の不満を耳にするこ

とが結構多い。

これらの多くは、日々施設の集団として生活する中で身につけた彼らの行動様式が、一般家庭と微妙に異なっているところから生じているものも結構存在している。

施設は多くの子どもたちが共同で生活しているため、生活用具については共有のものも多く、個人家庭ほど所有者が固定されていない。しかし、個々の家庭では、室内の多くのものが暗黙のうちに個人誰々の物として共通認識されていることも多く、その生活環境の違いが自他の区別がつきにくい子としてとらえられる可能性がある。また、友だち関係の中で日々生活をしている彼らは、丁寧語や敬語の使用機会があまりなく、親からすると友だち言葉で話されることに違和感をもつ人も少なくない。さらには、集団として日課がはっきりと決まり、その流れによって生活を律している彼らは、家庭の中で自分の生活リズムや行動を、周りに配慮しながら自分で調整していくことに慣れておらず、家族から見ると自分勝手で、自発的な行動が見られないとの不満につながりやすくなる。お風呂についても施設の大きなお風呂と、家庭の個人風呂では扱いが違うため、後の人に対する配慮が見られないとの不満につながる結果になってしまいやすい。

このような施設生活と個人家庭の生活習慣の違いは、上述の退行や試し行動などと一体になって生じることになる。そのため、長く施設にいた子どもや学齢児などはその影響がより大きくなって生じてくる可能性が高く、それだけ親の不満や失望に結びつきやすくなる。このようなことを前提とすれば、本来、親に、より丁寧に説明をして家庭復帰につなげることが必要であるが、その作業も現実には十分といえない。ある施設退所児はその点に関し以下のような問題提起を行っている。

「ある程度子どもが家庭に戻ることが想定される場合、職員と保護者が子どもに関して情報共有をできるように努めてほしい。保護者が、自分の子どもが施設でどういった養育を受けてきたのか、よくわからないという状況では、家庭の再統合が成功することはないと思います。また、退所後のフォローのために、児童福祉司や職員が定期的に家庭訪問をするなどの対策が必要かもしれません。とにかく、施設と家庭の養育方針や生活習慣の違いから起きうるストレスを軽減することは、子ども自身が自己肯定感を持って育つ上でも、親の育児不安の軽減のためにも、重要ではないでしょうか[10]」

6　自立支援とアフターケア

施設を巣立った子どもたちのその後の調査が、東京と大阪で実施されている。前者は2011（平成23）年8月に東京都福祉保健局によって報告された「東京都における児童養護施設等退所者へのアンケート調査報告書」（回答者数673人、回答率37・9％）、であり、後者は2012（平成24）年3月に大阪市によって報告された「施設退所児童支援のための実態調査報告書」（有効回収数161人、回収率25・4％）、である。その結果は共に類似したものになっているが、施設を退所した後の子どもたちの実像は、改めて厳しい現実を突き付ける実態が浮き彫りにされている。[11]

それぞれのレポートのまとめにおいて指摘されている、彼らの多くが抱えている課題は、以下のような内容が列挙されている。

- 雇用形態の不安定な状況や生活保護の高い受給割合などにみられる経済的な問題。
- 困ったときに親や家族に頼ることができない、相談できる人がいないという相談相手の問題。
- 高校中退などにより就労自立を余儀なくされる子どもが多いことや、大学などへ進学する子どもが少ないことなど、学業に関するハンディキャップ。
- 人間関係がうまく作れず転職や離職を繰り返えすことにより、仕事が長続きしない。

- 就職先を探すうえで、仕事のやりがいや給与面などではなく、住込みや寮付きといった住まい確保が第一条件になることが多い。
- 住民登録の方法や銀行の利用の仕方など、社会での生活における手続きや制度などがわからない。
- 家賃や食費、水道光熱費など、生活するうえで、何にいくらぐらいかかるものなのかわからない。
- アンケートに回答してくれた者は比較的安定した者と解釈され、回答がない多くの者はより不安定で困窮した状態にあることが懸念される。

以上の結果を見ると、施設を退所して即自力での社会生活を強いられた彼らの多くが、職場や社会の環境にうまく適応できず、しかも頼れる大人が身近に得られない中で困り、さまよい、いわゆる社会の底辺住民として埋もれてしまっているという現実を否定するのは難しい。

では、どのような対策を立てればそれを防ぐことができるのであろうか。

きっと方策は単純ではなく、いろいろな時期に多様な施策を重層的に実施していくことが必要であるのだろう。

本書のメインテーマである「親子分離後の回復と成長」の視点に立てば、新たな理解ある安定した養育者のよりどころを得て、自らの境遇を整理し、今の課題と将来の自分に向き合う力を獲得することが、基本姿勢として最も必要とされるベースということになる。

そのうえで、実親家族との関わりや距離の取り方についての整理、進学に向けた支援策の拡充、困ったときに頼れるよりどころの確保、社会生活に必要な金銭管理や日常生活のマネージメントなどの実際的生活ノウハウの獲得、就職に際してのインターンシップや多様な職種への受け皿整備、離職や困窮時等に緊急避難できる宿泊可能なシェルター、再就職や挫折時などに丁寧に支援してもらうことができる個別フォローアップ体制、等々の多様な施策が必要であるように思える。

幸い、それらの試行的取り組みが各地で少しずつ芽生えつつあるように思われるので、筆者の知り得るそのいくつかを紹介しておくことにしよう。

（1）企業との連携による実習体験での学び

京都では京都中小企業家同友会が、児童養護施設から就職自立する子どもたちに関心を持ち、施設との交流を図る中で中学生や高校生に実習体験の場を幅広く提供している。実習期間は数日単位から週単位まで、子どもの都合や施設・学校などの都合に配慮して柔軟に受け止められる姿勢が保たれているし、職種も幅広い業種での実習が可能になるよう、同友会の協力体制を敷かれている。

子どもたちは当初不安を持ちつつも実習体験を終えることで、将来社会に出て働くことへのイメージが具体化したり、また自分に合う仕事の感覚がつかめたりの成果が上がっている。ある施設で行われた実習体験の発表会に筆者も参加させてもらったが、子どもたちはある意味誇らしげにその体験を語り、将来に向けての自信につながっている姿が見て取れた。

すでに京都以外の地域でも同様の試みをされているところがあると思われるが、中小企業家同友会は、多分全国の都道府県に存在していると思われるので、ぜひ全国レベルでの施設と企業の連携体制強化につなげてほしいと願う。上述の調査結果に見られたように、就職のミスマッチや転職の繰り返しは、子どもたちの社会的状況をそれだけ危うくすることにつながり、その連携強化によって安定度が高まるとすれば、自立に向けた必要不可欠の取り組みということになるだろう。

(2) ソーシャル・スキル・トレーニング

集団としての生活環境の中で、管理され流れに沿って日々の暮らしを積み重ねていった施設の子どもたちにとっては、一般人が普段の生活の中で身につけるいわゆる社会常識としての生活ノウハウや制度、知識が十分身についていないことが多い。たとえば一般人にとっては当たり前の電車の切符の買い方、電話のかけ方、目上の人への挨拶や気配り、お金の管理の仕方、銀行や役所の利用の仕方、ときには詐欺商法からの身の守り方、等々について極めて無知であることが少なくない。

これらの失敗がときに職場での人間関係を気まずいものにし、それが早期の離職につながってしまうことも決して少なくない。そのことを考慮すれば自立する前にそれらの丁寧な学習をする機会を彼らに提供することが極めて大切になる。

この取り組みを先駆的に実践しているのが、社会福祉法人 大阪児童福祉事業協会アフターケア部のソーシャル・スキル・トレーニングである。[▼12] この取り組みは毎年主には大阪府下の児童施設の中学生・高校生などを対象にして、テーマを決めたシリーズ学習を提供し、しかもテーマごとの講師は、その道の実務家・企業人によってなされているので、子どもたちの興味を引きつけ、毎年のように参加している子どもたちも少なくない。

テーマは、お金や印鑑の管理の仕方、薬の正しい飲み方や健康管理、社会人としての身だしなみやメークの仕方、先輩の体験談、和食・中華・西洋コース料理の食べ方など、幅広くかつ実用に徹した内容が提供されている。このノウハウの研修内容はネットでも公開されているようであるが、ぜひ全国の各地域で、子どもたちが興味を持ちつつ社会学習できるチャンスを提供できる取り組みを拡充してほしいと願う。

「施設にいる間に、社会生活のルールやマナーを学んでおきたかった。施設を退所したあと、社会生活ルールやマナーに一番困りました。『施設育ちだから……』とバカにされたこともあります。子どもが二人いますが、親の手で育てられたことがないので、ちゃんと育てられるか不安になるときがあります。施設が、自分の実家になるので、たまに行くことがあります。園長が変わっていると行きづらいのが本音です。今は、施設にすごく感謝しています。施設育ちで良かったと思います[13]」

「施設にいた頃、自立支援寮があり退所に向けて自活訓練をしたが実際に一人暮らしをして訓練で行ったことと違い大変だった。退所してからは一人で全ての責任を負うことになるので、自活訓練ではもっとお金の使い方をシビアに指導すべきだと思う[14]」

「措置解除までの間に、医療・就職・相談窓口・各種制度・契約などの仕方や方法を教えてもらう機会がなければ、解除後もし一つでも問題が起きたなら、すぐさま行き詰ってしまう[15]」

（3）施設退所児の居場所づくり

施設を巣立った子どもたちの大きなハンディの一つが、身近に相談できる人がいないことである。ある者は巣立った施設でのよりどころとなる職員に相談をかけることがあると思われるが、職員が入れ替わったり、身近に感じる人が得られなかったり、施設に距離感を感じていたりすると、結局は特定の施設仲間等の個人的つながりで行動を決めてしまうことも多く、安定性のない安易な生き方に流されてしまうことも少なくない。

施設退所後に実親家庭に戻る者も少なくないが、改めて家族との関係の難しさを訴える者が多く、自立後の家族との再統合も決してよりどころとしての安定を保障する存在になり得ていないことが多い。

そのような中、支援者と施設退所者が共同で居場所づくりを目指す取り組みが徐々に広がってきている。東京では「日向ぼっこ」、大阪では「CVV（Children's Views & Voices）」[16]などの活動が有名であるが、各地にも同様の取り組みが少しずつ広がりつつあることは喜ばしい。ゆくゆくは全国各地にこのような居場所づくりが拡充し、施設退所者が孤独に悩み、また相談者が得られない中で路頭に迷うことがないよう、つながりの輪を広げていく作業が公私の壁を越えて取り組まれることを望みたい。

「施設を出た人は出てから周りとの違いを感じて寂しく思っている人が多いかも知れないです。一番は相談相手がいない人が多いかも知れないです[17]」

「なやみがいっぱいあっても相談できる人がちかくにいなくて困っている。どうしたらいいんだろう。いいかいけつほうほうがあったらおしえてください[18]」

「家族がバラバラ。いつも一人。たまに施設に帰りたいって思う時がある。なんでも相談できる人がほしい[19]」

「同時退所者が多いからと退所時に相談等もなく、早く出てくれという扱いだった。偶然、退所後に当事者グループを知り、そこでスタッフとして働いているが、こういう活動を退所前に知ることができればよかった[20]」

（4）緊急シェルターとしての宿泊施設の確保

施設退所児等に対する緊急避難用のシェルターづくりの取り組みも徐々に広がりつつある。何らかの企業に就職し、その職場の世話によって住居を確保していることが多い彼らは、退職や解雇と同時に住む場所そのものの確保ができないホームレス状態に陥ってしまう。また、司法関係で仕事をされている弁護士たちも、身元引受者が得られず軽い犯罪でもすぐに身柄拘束されたり、収容処分になってしまう施設退所者等の存在に以前から矛盾を感じる人が多くいたが、年長児の福祉資源が極端に不足している現状の中で、自らが立ち上がってシェルターづくりをする動きが徐々に広がってきている。

このシェルターは、建物の確保、運営人材の確保、資金集め等にかなりの努力が必要であるが、立ち上がったシェルターは多くは自立援助ホーム[21]の認定を受け、その措置費収入によって運営がなされていることが多い。

しかし、全国的には立地場所にまだ偏りがあり、今後より拡充が必要であるし、居場所を失った彼らが社会で再起できるよう、人的援助の充実も強く望まれるところである。

「退所してから、施設での生活・支援がどれだけありがたいことなのか、改めて感じました。年に一度でもいいのでアフターケアをしてほしい。親に頼ることができない人は、本当に相談相手に困ります。最初から自分のことを知っている、施設の職員さんに相談できるのが一番です。そして、緊急時に家にいることができなくなった時、施設での一時保護などあると助かります。今は、とても施設には感謝しています。何か恩返しができるといいんですが……」[22]

「施設にいる間だけ逆差別的に満たされていて、退所するとなにもないので、弱い子はグレイゾーンの商売に走ったりする。また、早く子どもを持ち、育てられずに施設に預け、自分と同じ境遇の子どもにしてしまいがちだ。施設にいる間に技術や資格を身につけさせて社会でやっていけるようにする体制が必要」[23]

「退所してずっと困ってることは賃貸住宅の保証人です。毎度施設長に頼むのが正直嫌です。（すごく気まずい）　家を引っ越したいのにまた保証人なってとも言えず困っている。家族が保証人になれないケースの場合の何かもっといい方法はないのかな……と思う」[24]

7　施設を支える体制づくり

社会的養護を必要とする子どもたちにとっての最後の受け皿として、戦後一貫してその役割を果たしてきた施設は、近年単に措置された子どもだけのケアに終わることなく、より広範な役割を期待されるようになってきた。つまり、その専門業務としての子育てノウハウや24時間施設としての機能を生かし、一般家庭に対する支援の役割が求められるようになってきたのである。

その一つの制度的改正は、児童家庭支援センター[25]を施設に併設設置し、施設の機能やノウハウも生かしながら、地域の子育て相談や継続的支援などに機能する役割である。これは児童相談所の数に限定があること、より地域に密着した形で援助の役割が期待できることなどにより、新たな児童福祉法上の施設として位置づけられた経緯がある。

そして、市町村事業として実施されている施設を活用したショートステイやトワイライトステイ[26]は、ひとり親家庭などに対する子どもの一時預かり機能として役割を果たすことを期待されている。

さらに最近では、里親の開拓促進の役割として、児童相談所とともに、施設が新たな役割を果たすことが求められており、里親支援専門相談員が、施設を拠点にして活動を広げ里親の拡充に寄与することが期待されている。

これら施設が被措置児童だけでなく、地域や一般家庭に対する役割を担うことは理念としては大切であり異論は唱えにくい。しかし、問題は入所児童の背景や保護者の抱える課題の難しさ、あるいは家族再統合支援やアフターケアの充実の必要性などを考えると、今の体制では他にエネルギーを向ける余力がないという現実も直視する必要がある。つまり、率直に今の施設が置かれた実情を見れば、施設そのものがもっと社会からサポートされ、補完されない限り、本来の役割を果たすことさえ危うくなると考えられるのである。施設の職員配置の基準は欧米に比べると極めてお粗末であることは否定のしようがなく、[27] その抜本的改善はもとより、より社会全体でのサポート対策の整備こそ先決の課題であるように思える。

２００３（平成15）年に「日本子どもの虐待防止研究会　虐待に関する制度検討委員会」がまとめた児童養護施設の実態調査では、背景が複雑な子どもたちの処遇上の困難として以下のような問題が列挙されている。[28]

- 他児への暴力・いじめ
- 精神不安な言動
- パニック
- 職員への反抗・暴力
- 無断外出
- 多動
- 盗癖
- 器物破損

- 性的行為
- 嘘言
- 自殺念慮

また、右記のような言動が、他児へ波及して集団に混乱が生じること、見えないところでのいじめ行為、親の問題との相乗的作用、施設外での問題行動の繰り返し、夜間に生じるトラブルやその対応、自殺未遂やリストカット、等々に結びつき現場職員の大変さが訴えられている。

さらに、2013（平成25）年に大阪府社会福祉協議会による調査報告、児童福祉施設の職員意識調査を見ると、職場を辞めたいと思った人の割合は、66％で、その理由として以下のような職員の生の声が紹介されている。[▼29]

「子どもが増え、職員のキャパがオーバー。負担増加のため体調不良が続く。結婚・出産を考えると続けることが難しい。働きたいが収入が少ないため、子育てしながら働ける職種を探そうと思う」

「時間に終わりきれない業務が入っていることが多く、サービス残業が当たり前的なことや、現場と上司の思いにギャップがあって、対応がその度辛いから。また、その日のリーダーによって、やり方や言っていることが違っており、その理由も理解できないまま働くことに人として大切にされていない感がある」

「子どもとの関係が取れない。自分の云うことは通じない。他の職員に相談できない。しんどい」

しかし、一方やめたいと思わない職員の、今の仕事に対する以下のような前向きの意見も紹介されている。

「ささいなことでも子ども達の成長が見られることがうれしい」

「長く勤めてこそ、喜びややりがいを感じられると思うのでがんばりたい」

「心身ともに休むことができずきついが、たまに楽しいことがあるため」

家庭で育つことができない子どもたちにとっての最後の砦としての施設が、職員にとって過酷すぎる職場であることは、決して許容できる問題ではない。職員の心が落ち着き、安定した形で子どもたちと接して日々の生活を営むことができて、はじめて子どもは職員への安心や信頼の感情を身につけることができるからである。そのためにも、まずしなければいけないことは、施設が地域に対して果たす役割に優先して、施設が社会から支えられる環境を整備することが先決であるように思う。厳しい条件下にある施設が、少なくとも以下のような点でより支援される体制を構築することが強く望まれる。

（1）専門機関の支援体制

業務遂行上密接に関わりのある児童相談所との連携強化や、そのサポートはいうまでもないが、今の施設の子どもたちが抱える心身の状況を踏まえれば、医療機関との連携や医療的サポートの充実は必須の条件であるように思える。軽度知的障害や発達障害の子どもも、さらには心身に不調の症状を持つ子どもは以前に比べ増加しており、協力可能な医療機関のあり、なしが日常の子ども処遇と施設運営に大きな影響を与えることになる。また、入院に際する付き添いの手立てなども、手薄な施設職員の実情を踏まえれば何らかの有効な対策が打たれてしかるべき問題であるだろう。

また児童福祉の専門機関・団体である、自立援助ホーム、アフターケア団体、居場所提供団体、里親会、福祉系・臨床心理系の大学や専門学校などとの連携や協働活動の取り組みも、今後より積極的に展開を図る余地があるだろう。

(2) 専門的人材の支援体制

専門機関との連携強化にとどまらず、施設が個別的専門職種とのつながりを持ち、そのアドバイスを気軽に受けることができる体制も必要である。保護者とのトラブルや子どもたちの対外的トラブル、あるいは施設退所児の金銭的トラブルなどの発生も稀ではない現状を踏まえれば、気軽に法律的アドバイスが得られる顧問弁護士的存在が望まれる。近年児童施設に関心を持たれた弁護士も比較的増えてきているので、より気軽な形で相談できる体制の整備が望ましい。同様の意味で、子どもの処遇に関するスーパーバイザーや心理担当職員へのスーパーバイザー、あるいは職員への研修なども、より有効に活用できる人材確保体制の整備や人材バンクの存在が求められる。

(3) ボランティア、地域、企業等の支援体制

専門機関や専門的人材だけでなく、学習支援や習い事・スポーツ指導、あるいは個別の処遇

やアドボケーター、さらには週末里親など、ボランティアとして関わりを期待し、かつ子どもたちの多様なサポーターとしての役割を期待できる取り組みは、工夫次第では多く存在する。それらの安定した受給調整が可能な調整機能の制度化や、地域の人たちとの積極的な交流の仕掛け、さらには先述したように企業実習をより積極的に展開するような取り組みも今後重要なサポート機能の一つとなる。必要に応じてこのような施設の社会化を促進させるための施設ソーシャルワーカーの配置・位置づけなども大切な業務役割の一つであろう。

(4) 処遇環境のバリエーションと緊急避難先の確保

背景や個性が多様な子どもたちにとって、処遇環境は極力多様であることが望ましい。その意味で厚生労働省が方向として目指している、施設、グループホーム、里親の程よい配分と、相互の連携体制はあるべき方向としてはうなずける。当面は一つの施設、法人内において、この多様性をどう確保できるかが、施設の対応力と絡んで大切になる。理念としては里親家庭が望ましいということはあっても、実際の処遇においては個人家庭対応では困難であることもある。そして、逆に集団では困難であっても個別処遇で落ち着くこともあり得る。要は子どもの特性に応じた柔軟な処遇環境が提供できるバリエーションの確保と、仮に子どもが混乱し他児を巻き込んでしまうようなとき、一時避難ができて、調整が可能な緊急避難場所の確保が重要になる。実務では施設内で処遇が難しくなった子どもを、児童相談所が一時保護し、調整期間として活用することが多々あったが、今は都市部では一時保護所が満杯で対応できないところも出てきている。施設内でぎりぎりまで我慢すると再び施設に戻るという選択肢がなくなり、結果は措置変更しか手立てがなくなることも多い。しかし、一人の子どもの立場に立てば、長年自分が育ってきた居場所やよりどころからの分断は、親からの分断とも重なり、受けるダメージは想像以上に大きい。

その意味でも、一定のエリアに緊急避難と調性期間を確保するためのシェルター資源の存在は、極めて大切な施設のサポート機能として位置づけることができる。

(5) 地域学校との連携

施設の子どもたちが集団で通う地元の学校との連携強化も大切な作業の一つである。多くの場合、施設の子どもたちは学習の不振児と重なり、そのことが進学のハンディの一つになっていることが否定できない。そして、ひいては施設退所後の経済的困窮や社会的不安定要素につながってしまうことが、退所後のアンケート調査を見れば一目瞭然である。

家庭的安定条件を持たない施設の子どもたちが、施設職員のみならず、学校教員からもより手厚くサポートされ、その困難な成長過程を乗り越えるためにも、学校と施設の日常的な連携体制づくりは避けて通ることができない。
今、文部科学省は学校にスクールソーシャルワーカーを増配置する方向を示しているが、施設の子どもたちが通う学校にこそ優先的に配置し、生活および学習面からのサポートを強化できる体制を作り上げていくことが強く望まれる。

†参考文献

原田綾子『虐待大国アメリカの苦闘』ミネルヴァ書房、2008(平成20)年。

†注

1 里親委託率とは、乳児院、児童養護施設、里親(ファミリーホームを含む)に入所している児童の総数を分母として、里親(ファミリーホームを含む)に委託されている児童の数を割った数字。
2 養護施設協議会編『泣くものか——子どもの人権10年の証言』亜紀書房、1990(平成2)年。
3 全国社会福祉協議会・養護施設協議会編『続 泣くものか』亜紀書房、1991(平成3)年。
4 2006(平成18)年 栃木県里親連合会第50回記念大会「体験発表・記念講演集」元里子 A子さん(32歳)の発言記録。
5 長谷川眞人監修『しあわせな明日を信じて』福村出版、2008(平成20)年。
6 注3に同じ。
7 注5に同じ。

8　注5に同じ。
9　子ども虐待防止世界会議（名古屋２０１４）抄録集「子どものレジリエンスについて考える——ライフストーリーワーク実践に向けて」。
10　東京都福祉保健局「東京都における児童養護施設等退所者へのアンケート調査報告書」自由意見、２０１１（平成23）年8月。
11・注10調査。調査対象は施設退所後1年から10年経過した者で、施設などが連絡先を把握している者１７７８人で、回答者は６７３人である。
・大阪市「施設退所児童支援のための実態調査報告書」２０１２（平成24年3月）。調査対象者は、大阪市所管の児童福祉施設を概ね過去5年間に退所した施設生活経験者６３４人で、有効回収数は１６１人である。
12　社会福祉法人大阪児童福祉事業協会は、児童養護施設、児童家庭支援センター、男女の自立援助ホーム、アフターケア事業部などの多角的運営を行っている。施設からの自立に向けた、社会的マナーや知識を施設の中・高生に実施するソーシャル・スキル・トレーニングは好評で、２０１４（平成26）年度は、延べ１５９１名の参加申し込みがあったとしている。
13　注10に同じ。
14　注10に同じ。
15　注10に同じ。
16　当事者の居場所づくりは、全国的に徐々に増えてきており、２０１４（平成26）年現在、以下のような団体がある。
さくらネットワークプロジェクト（東京都）、ＣＶＶ（大阪市）、日向ぼっこ（東京都）、こもれび（千葉県）、なごやかサポートみらい（愛知県・名古屋市・岐阜県・三重県）、だいじ家（栃木県）、レインボーズ（鳥取県）、明日天気になぁれ（奈良県）、ふたばふらっとホーム（東京都）、ひ・まわり（静岡県）、白ひげ（東京都・神奈川県）、ＣＯＬＯＲＳ（京都府）。

17　注10に同じ。

18　注10に同じ。

19　注10に同じ。

20　注11大阪市アンケート　自由意見。

21　自立援助ホームとは、施設退所者などが社会生活での自立がうまくいくよう支援する宿泊型のグループホームで、20歳まで入所措置が可能になっている。しかし、地域的にかなり偏りがあり、県内に存在しないところも少なくない。

22　注10に同じ。

23　注10に同じ。

24　注10に同じ。

25　児童家庭支援センターとは児童福祉法上の施設として位置づけられているが、独立型の施設ではなく、当初児童養護施設等に付置する形で設けられた。主には地域の家庭や子どもの支援を担う役割が期待されている。現在は施設以外の機関等にも付置することが認められている。

26　ショートステイは短期の24時間、トワイライトステイは夕刻親が帰宅するまでの時間施設を活用してケアする制度。いずれも市町村事業として実施されており、主にはひとり親の子育て支援等を狙いとしている。

27　児童福祉施設の設備及び運営に関する基準では、児童養護施設の職員配置基準は以下のように規定されている。

児童指導員及び保育士の総数は、通じて、満二歳以上満三歳に満たない幼児おおむね二人につき一人以上、満三歳以上の幼児おおむね四人につき一人以上、少年おおむね五・五人につき一人以上とする。

しかし、この配置基準は、職員の場合八時間労働、子どもは二十四時間生活を前提にしているので、単純計算すれば、一人の職員はこの三倍の子どものケアをすることになり、子どもとの個別の関係を維持することは難しい状況に置かれている。なお、規定では○○以上となっているが、措置費は最低の規定で計算されるため、それ以上の職員配置は実質上できない仕組みになっている。本書の校正作業中、施設職員の配置基準が一定数改善されることが決まったとの朗報が流れたのは幸いである。

28　日本子どもの虐待防止研究会 虐待に関する制度検討委員会「児童養護施設における親および処遇困難児等の対応に関する実態調査」2003（平成15）年1月。主に都市部の児童養護施設70か所を調査対象にし、51か所の回答を得ている。

29　大阪府社会福祉協議会 児童施設部会 運営財務委員会「児童福祉施設　職員意識調査まとめ――調査結果から見る課題」2013（平成25）年1月31日。

児童養護施設を中心とする大阪府下の41施設、施設職員1025人を調査対象者とし、892人の回答を得てまとめられた調査。

資　料

❶ これからの人生にホップ・ステップ・ジャンプ（おとな編）

❷ 泣いて　怒って　笑って（こども編）

これからの人生に
ホップ・ステップ・ジャンプ
～ステップファミリーの幸せのために～【おとな編】

大阪市こども青少年局子育て支援部こども家庭課
平成24年発行

もくじ

もくじ

はじめに

こどもと一緒に結婚や同居してできた家庭を

ステップファミリーといいます。

「幸せになりたい」と、多くの希望を持ってはじまる新しいパートナーやこどもとの新生活。

いざ、始まると予想もしていなかった感情や、問題が起こって毎日大変、ということもあるかもしれません。

多くのステップファミリーが、色々な悩みや課題を抱えています。その悩みは、ちょっとした知識や対応の仕方を知ることで、解決につながることも多くあります。

この本は、それぞれの新しい家族のカタチができることを、応援するためにつくりました。

あなたの新たな家庭での幸せを願っています。

あなたが選んだ新しい人生

あなたのステップファミリーを応援します

1 ステップファミリーの実態

最近では結婚する人たちの内、およそ４分の１が再婚です。この中には当然、こどもを連れて再婚する人もふくまれ、多くのステップファミリーがうまれています。

≪ステップファミリーでは≫

ステップファミリーは次のような特徴があるため、みんなが気持を合わせて家族がまとまるのに時間がかかります。

- ◆ 最初からこどもがいる
- ◆ 離婚した家庭の体験が心に残っている
- ◆ 対人関係が複雑になりやすい
- ◆ 生活の習慣やルールが変わるため不満が出やすい

≪家族のまとまりができるには≫

夫婦が心を合わせ、家族で何度も話し合いながら、小さなことから一つずつ解決する努力が必要です。

こうした努力を積みかさねて、家族が「この家に慣れてきた」と感じるまでには、平均３年～５年かかるといわれます。

５年～７年ほどたつとステップファミリーも落ち着き、二人でスタートする初婚家庭よりも安定した家庭をつくることができるともいわれます

ステップファミリーがおちつくまで

新しい家族のはじまり
- 第１段階　「良い家庭」を作ろうと夢をふくらませている時期
- 第２段階　思いがけないことが次々に起きる時期
- 第３段階　家庭内のズレやイライラが見えてくる時期

家族内の不満やイライラ感が出てくる
- 第４段階　家庭内のズレや対立が噴き出す時期
- 第５段階　「なんとかしなければ」と思う時期

ステップファミリーのまとまりができる
- 第６段階　関係が深まる時期
- 第７段階　無理なく家族のまとまりができる

参考文献：SAJ（ステップファミリー・アソシエーション・オブ・ジャパン）
ステップファミリーの発達段階（パトリシアペーパーナウより）

2 家庭の役割とこども

➡ 家庭には、こどもを育てるための大切な役割があります。

こどもの気持ちを安定させる役割

こどもが社会に出られるように育てる役割

➡ そして両親には、次のような役割があります。

こどもに注意を向ける

こどもに愛情を注ぐ

こどもに安心感を与える

≪安定した家庭とこども≫

両親の関係が安定した家庭ではこどもはのびのびと育ちます。

◆ 両親との愛着関係の中で

「自分に対する自信」を持つ

人に対する信頼感が育つ

◆ 両親をモデルにして

人格が形成される

◆ いろいろなことに関心を向けることができる

勉強・遊び・趣味

友だちとの交流

新しいことへの挑戦

≪親の離婚≫

親の離婚は、こどもにとって、とてもショックなできごとです。安心して乗っていた船が急にこわれたようなものです。

大切な人との別れや生活の変化など、こどもには予想もしていないことばかりです。

こどもの気持ち

＊　こどもはしばしば次のような気持ちになります　＊

「親の離婚はぜったい自分のせいだ」
「パパとママはいつか仲直りして、きっと元の生活にもどる」
「ボクの知らないところでいやなことばかり起きて・・・
もう、なにもする気にならない」

≪ひとり親家庭≫

こどもは、親の離婚と同時に、ひとり親との生活が始まります。ひとり親は、家事・育児・家計など今まで夫婦で分担してきたものを、全て一人でしなければなりません。

こどもは親の大変な毎日を見ているので、親のパートナーの役割を果たそうとするなど、親との結びつきが非常に強くなりがちです。

≪親に新しいパートナーが出来たとき≫

こどもの気持ちはとても複雑です。新しいパートナーを受け入れるには時間がかかります。

こどもの気持ち

新しいパートナーへの
しっと
拒否感
敵対心

ひとり親との結びつきが強くなっていたため ⇒
両親が仲直りするとずっと思い続けていたため ⇒
⇐ 別れた親に悪いと思うため
⇐ 親をとられる気がするため

3 ステップファミリーをスタートさせる時

ステップファミリーをスタートさせるとき、準備に十分な時間をかけましょう。

≪こどもへの説明と心づかい≫

離婚・再婚は「親の問題でこどもには関係がない」とばかりに、一方的に結論だけをこどもに押し付けるのはやめましょう。こどもをよけいに混乱させてしまいます。

➡ 次のようなことをこどもに説明しましょう

- パートナーができて再婚を考えていること
- 再婚しても、親は今まで通りのパパとママであること
- パパとママは今まで通り「あなたを愛している」ということ
- 生活の変化 — 転居・転校・名前の変更　など

再婚の説明に、こどもはとまどいショックを受けるでしょう

➡ ショックを受けたこどもには次のような態度で接しましょう

- こどもの怒りや悲しみ、願いに耳を傾けること
- こどもの質問には正直におだやかにこたえること
- 一度ではなく何度も話し合う時間をもつこと
- できるだけこどもの気持ちや意見にそうようにこころがけること

ていねいな説明が、こどもの気持ちをおちつかせ、
その後の安定につながります。

≪新しいパートナーとこどもとの関係≫

新しい親を受け入れるには時間がかかります。

再婚や同居に踏み切るまでに、新しいパートナーとこどもたちとの交流をかさねて、関係作りをしましょう。

こどもたちの意見もよく聞いて、それぞれが納得し、お互いに良い印象を持ったうえで再婚や同居のスタートを切ることが大切です。

これがうまくいくコツ

こどもの気持ちは複雑です

どんな時にもこどもの気持ちをよく聞くこと

こどもの気持ちやこどもの意見を聞いても、それを実現することは難しいしいかもしれません。

それでも、こどもと十分に話し合うことは大切です。
こどもにとっては、自分の思い通りにならなくても、自分の気持ちをわかってもらえたこと、自分の意見を聞いてもらえたことは、自分を大切にされたことであり、気持ちの安定につながります。

4　別れた親とこどもとの関わり

別れた親であっても、こどもに会う権利があります。親が離婚しても、再婚しても、実の親はこどもにとって父親であり母親であることにかわりはありません。そのため実の親は、こどもを育てる義務とこどもに会う権利をもっています。

こどもとの関わりについて、父親と母親の言い分が食い違い、二人だけではうまく話し合いが進まない時には、家庭裁判所に相談してこどもとの望ましい関わり方を、一緒にとりきめてもらうとよいでしょう。

≪別れた親とこどもとの面会≫

別れた親に全く会えなくなると、こどもはいろいろな気持ちになるものです。

特別な事情がない限り、こどもと別れた親が会うことは、こどもにとっても良いことです。こどもがなるべく傷つかないためにも、こどもの幸せのためにも、親どうし協力できることを探していきましょう。

≪別れた親とこどもが面会する時の注意≫

こどもがいちばん困るのは、親どうしのいがみあいが、こどもに伝わり、両親の争いの中にまきこまれることです。

別れた親に対する否定的なことばを、言わないようにしましょう。

こどもがとても傷つきます

別れた親の親族との関わりについて

おじいちゃん・おばあちゃん・いとこなど、別れた親の親族とのかかわりについては、子どもの気持ちをよく考えて、できる限り会うことができるように工夫しましょう。

1　新しい生活のスタート

新しい生活をスタートさせるまでは、良いことばかりが頭に浮かびがちです。

しかし、新しい生活がスタートすると、予想していなかった現実がつぎつぎと起こるのがステップファミリーです。

≪生活習慣や価値観の違いによるトラブル≫

一つひとつのことはとても小さなことですが、これが毎日のこととなるとイライラしてトラブルの原因になります。しかも夫婦二人だけの対立ではなく、二組の親子やきょうだいによる対立になると、より複雑になります。

≪複雑な家族構造によるトラブル≫

再婚者同士の結婚は、それぞれに前の家族や親族との関係が心に残っており、そのうえ新たなパートナーやそのこどもとの関係を築かなくてはならないので、気持ちのズレや不満を持つことが多くなります。

➡ おとなのゆったりとした態度が成功のカギです！

どれひとつとってもすぐに解決できる問題ではありません。特にこどもはその気持ちや、生活の習慣をすぐに切り替えることには無理があります。

実の親子のこれまでの関係や生活の仕方を大切にし、新しい親がそれに合わせるところから始めましょう。ゆっくりと時間をかけて、新しい家庭を築いていきましょう！

2　パートナーとこどもの関係

パートナーは「愛している人のこどもは愛せるはず」という思い込みから親子になることを焦《あせ》りがちです。しかしそれほどうまくいくとは限りません。ちょっとしたことでこどもの拒否にあったり、思い通りにいかなかったりして自信をなくすなど、結婚前には想像もしなかったことが起こりがちです。

親のやり方が悪いとばかりは言えません。

こどもの気持ちが落ち着くまでに時間がかかります。

思春期のこどもは

こどもの年齢が高いほど、パートナーへの違和感・抵抗感は強くなります。思春期のこどもは、親の再婚をなかなか素直に受け止められず、非行型の反抗をすることも多いようです。親は根気づよく、「いつでも私たちのところに戻っておいで」という態度でゆったり構えていることが大切です。

Ⅱ　新しい家族の始まり　・　ステップ

3　母親役割の苦労

現代の日本社会においては次のようなことが起こりがちです

ひとり親の男性が、新たなパートナーと再婚する時、男性とその両親はパートナーに「母親役割」を期待し、日常の世話、教育、しつけの全てをパートナーひとりに任せ、実母の代わりを期待することが多いようです。

そしてパートナー自身も「良い母親にならなくては、彼のパートナーになる資格がない」と思ってしまうようです。

女性だからといってすぐに母親にはなれません

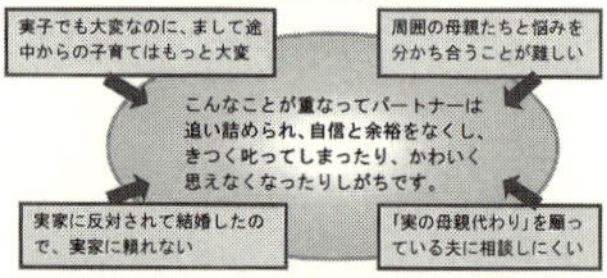

パートナーとこどもは、いきなり実の親子のようにはなれません。しばらくは今まで通り、こどもに対しては実の親が子育ての主役であり続ける必要があります。パートナーは少しはなれて「相談役」や子育てのサポート役から始めて、徐々にこどもとの関係を作っていくと、気持ちの負担も少なく、余裕を持って子育てに取り組めるでしょう。

Ⅱ　新しい家族の始まり　・　ステップ

4　実親の微妙な気持ち

ステップファミリーの親は、自分のこどもとパートナーとの間で悩むことも多いようです。こどものパートナーに対する態度は、あまり素直とは言えず、困った行動も多くなりがちです。それに対してパートナーは、「これまでのしつけが悪い」とばかりにこどもへの風当たりが強くなることもしばしば起こります。

実の親は、こどもとパートナーの間で微妙な立場にたたされます。

どんな場合も、基本は夫婦でよく話し合うことです。

Ⅱ　新しい家族の始まり　・　ステップ

こどもは親の離婚や再婚などで非常にとまどっていて、困った行動が多くなりがちです。これに対して親がパートナーに気を遣って叱りつけることをくりかえすと、こどもは落ち着かず、むしろ困った行動を長引かせてしまいます。

パートナーは、実の親とこどもの関係やこれまでの習慣を尊重して、一歩引いた形でこどもに接し、徐々に自然な関係が深まるのを待ちましょう。

「実の親と子」の関係も大切です。

再婚前に比べると、実の親子が接する時間は極端に少なくなります。そのうえパートナーやパートナーのこどもにまで気を遣うあまり、実子は二の次になりがちです。でもこどもの気持ちも考えて、1日にわずかでも二人だけの時間（二人だけで買い物・本の読み聞かせなど）を持つことで、こどもは「自分のことを忘れられていない」と思い、安心します。

1　こそだて　Q＆A

Q－1　こどものわがままに困っています

A－1　本来こどもはわがままなものです。特に親子の関係が安定してくるとわがままな行動もでてきます。

しかし次のような極端なわがままが毎日続く場合は親への「試し行動」と考えられ、家庭が安定し親子の間に緊張感がほぐれてきた頃にでることがあります。

◈ 聞き分けのない態度　◈ キリのない要求
◈ 反抗と大泣き　◈ 親への悪態や挑発的行動

これは新しい親が自分の全て（良い点も悪い点も）を本当に受け止めてくれるのかを試す行動で、幼児から小学生ぐらいのこどもによく出ます。小さい頃からの親子のやり取りを新しい親との間でやり直そうとするいわゆる「赤ちゃんがえり」の形をとることもあります。「おとなをいらだたせたり、不安にさせたりする行動」という共通した特徴があり、おとなを困らせます。

Q－2　わがままはしつけで治りますか？

A－2　親子の関係が安定して日常的にでてくるわがままは、少しずつこどもとの間でルールを作ってしつけていくとよいでしょう。

しかし親への「試し行動」として極端なわがままが毎日しつこく繰り返されることがあります。この時には「こんなわがままは許せない」とばかりに、厳しくしつけたくなりますが、中途半端にしつけようとするとよけい長引きます。この試し行動はおおらかに受け止めて安心感を持たせるようにこころがけると数か月から１年ほどで落ち着きます。

これを乗り越えると安心と信頼に満ちた本当の親子の関係ができあがるのです。

➡ 父親の協力が大切です。

こどもの「試し行動」を受けとめているのは、「母親役割」を期待されているパートナーであることが多いと思われます。近所の好奇の目もある中でおんぶにだっこ、大泣き・・・これに耐えるのはとても大変なことです。

父親は家事を分担し、こどもの世話も積極的にすることでパートナーをいたわり、二人三脚で乗り切る覚悟が必要です。

Q－3　マナーができていません。どうしつけたらいいの？

A―3　生活の習慣やルールが異なる二つの家庭が一緒になったのです。すぐに一方的なしつけ方にはなじめません。特にこどもは、今までなじんできた習慣をすぐには変えられません。

親子関係に安心感が育っていない中でのきびしいしつけは親子関係をギクシャクしたものにし、逆にこどもの困った行動をひき起こしやすくします。

➡ 何よりも夫婦の気持ちが一致していることが基本です。

しつけは気長に。まずはそれまでに身につけていた習慣を尊重して、少しずつ夫婦で話し合いながら解決していくことが大切です。

Q－4　これって虐待？

A－4　親子の間に安心感と信頼感が育って、はじめてしつけができます。親は「こどものため」と思ってしつけをしますが、他人から見ると「ゆきすぎたしつけで虐待に近いな？」と思われることがあります。

➡ しつけと虐待の違い

親子の間に安心感と信頼感がある時は、少々きびしくしつけても大丈夫です。

親子の間に安心感と信頼感がない時はきびしいしつけは虐待になります。

きびしくしつける前に、安心感と信頼感を育てましょう

Q－5　こどもと仲よくなるには、どうすればいいの？

A－5　こどもと楽しい時間を過ごしてみましょう。

◈ こどもと二人でお買い物　◈ こどもと一緒にゲーム
◈ こどもが困っている時にちょっと手助け

こんな小さなことの積み重ねがこどもに安心感と信頼感を育てます。

Q－6　こどもの反抗的態度にうんざり！

Ａ－6　反抗的態度が続くと、どうしても厳しくしつけたくなりますが、厳しくしつけるばかりでは次のような悪循環に陥《おちい》ってしまいます。

こんな時は、こどもの反抗的態度も困った行動もあなたの責任ではないことを思い出し、余裕を持って見守ってみましょう。

ありのままのこどもの姿を認められるようになった時、いつのまにかこどもの困った行動もなくなり、落ち着いてくることでしょう。そして、こどもの心の中にはあなたへの安心感と信頼感が少しずつ芽生えてきます。

2 いろいろな悩みと家族の成長

ステップファミリーは困った課題が出やすく、深刻な悩みを抱えることもまれではありません。

日々の生活の中で、イライラすることも多いですが、それらの努力やがまんが家族それぞれの成長につながり、それを乗り越えることでお互いの絆がより一層深まります。

そしてその悩みは決してあなたに特有のものではありません。ステップファミリーの人たちは皆よく似た体験をしています。決して一人で悩まないで誰かに相談しましょう。

悩んでいるのはあなただけではありません！
相談機関を利用しましょう

3　幼稚園や小学校への説明と配慮

親の離婚や再婚で家庭が不安定になった時には、保育所・幼稚園・学校の果たす役割はとても大きいものです。保育所・幼稚園・学校は親と二人三脚でこどもの成長を見守るところです。できるだけ家庭の変化を知っておいてもらいましょう。

こどもの担任の先生、場合によっては園長・校長先生、カウンセラーや保健室の先生など多くの先生方に、家庭の状況を話し、こどもの様子を見守ってもらいましょう。

➡ こどもが陥りやすい反応

- 不登校（不登園）気味になる
- 登校（登園）はするが問題行動が多発
- 集中力が欠ける
- 勉強に集中できず、学業不振
- 逆に、必死に勉強し「よい子」であり続ける（この場合は、将来大きくつまずくことがある）

など

4 となり近所・友人への説明

親しい人や信頼できる人には、家庭の事情をできるかぎり説明しておきましょう！

離婚・再婚の事実を秘密にしておいても、いつのまにか事情を察してうわさとして広がっていき、かえって親子が傷つくということにもなりかねません。

また、こどもにとっても、家庭内の秘密をもつことは心の重荷となり、周囲との関係に壁を作ってしまいがちです。

ステップファミリーは、複雑な家族関係の中で悩みを抱えることが多いものです。そんな時、見守ってくれる人を一人でも多く作っておくことは、大きな心の支えになるでしょう。

5 豊かな家庭を築くために

新しくパートナーを得て、お互いに支えあいながら人生を歩むことは、とても素晴らしいことです。そしてこどもにとっても実の親が元気になり、自分自身も新たな父親や母親、あるいはきょうだいとの間で、より豊かな交流を体験し、たくましく成長することができたら、とてもすばらしいことです。

家族作りプロジェクト
ステップファミリーを築き上げることは、初婚家族とまったく異なった家族作りプロジェクトに取り組むことと考えた方がいいのかもしれません。それは父、母、こどもたちが、それまでに持っていた家族のかたちやイメージをくずし、皆で話し合いながら全く新しいその家族にしか作れない家庭を作り上げていく「家族作りプロジェクト」です。

お互いの立場や気持ちを思いやり、
一つひとつの問題をのりこえながら、
豊かな家庭を築いていかれることを願っています

相談機関一覧

こども相談センター	06－4301－3100
月～金 9：00～17：30	土・日・祝日、年末年始休み
各区役所子育て支援室	（お住まいの区役所まで）
月～金 9：00～17：30	土・日・祝日、年末年始休み
子育ていろいろ相談センター	06－6354－4152
水～月 10：00～20：00 （土・日・祝は17：00）	火・祝日の翌日、年末年始休み
NPO法人児童虐待防止協会	06－6762－0088
月～金 11：00～17：00	土・日・祝日、年末年始休み
ステップファミリー・アソシエーション・オブ・ジャパン（SAJ）	070－5574－2827
平日 13：00～17：00	当事者の団体です。インターネットでも検索して下さい。 http://www.saj-stepfamily.org

ステップファミリーの幸せのために

こどもを連れた人と結婚するあなたへ

こどもを連れて結婚するあなたへ

【こども編】もあります ご利用ください

これからの人生に ホップ・ステップ・ジャンプ
～ステップファミリーの幸せのために～
【おとな編】
発行年月：平成24年3月
発 行：大阪市こども青少年局子育て支援部こども家庭課
大阪市北区中之島1－3－20
℡06－6208－8032

泣いて　怒って　笑って
～ステップファミリーの幸せのために～【こども編】

大阪市こども青少年局子育て支援部こども家庭課
平成24年発行

はじめに

この本《ほん》を手《て》にとってくれたあなたへ

新《あたら》しい生活《せいかつ》がはじまった今《いま》のあなたは、
どんな気《き》持《も》ちでしょうか。

なんだか、さみしくなったり、お家《うち》にいても
息苦《いきぐる》しかったり…なんてことはないかな？

この本《ほん》は、あなたがこれからの生活《せいかつ》を少《すこ》しでも
安心してすごせるように願ってつくりました。

新《あたら》しい生活《せいかつ》への不安《ふあん》で悩《なや》むのは、
あなただけではないよ。

大切《たいせつ》なあなたのお手伝《てつだ》いができたらいいな。

はじめに

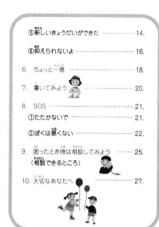

1. あなたの家族《かぞく》を描《か》いてみよう

家族《かぞく》のなまえとにがおえを描《か》いてみよう。このページの下《した》の表情《ひょうじょう》に近《ちか》い人《ひと》はいるかな？

あなたのなまえ

なまえ

なまえ

なまえ

なまえ

なまえ

2. 家族《かぞく》のかたちは、いろいろあるよ

家族《かぞく》のかたちは、さまざま

両親《りょうしん》とくらしてきた人《ひと》

お父《とう》さんやお母《かあ》さんのどちらかとくらしてきた人《ひと》

おじいちゃん・おばあちゃんなど親以外《おやいがい》の人《ひと》と

くらしてきた人《ひと》

里親家庭《さとおやかてい》や施設《しせつ》でくらしてきた人《ひと》

そして、これから**ステップファミリー**になる人《ひと》

いろんな形《かたち》があるよ。

3. ステップファミリーってなあに？

新《あたら》しいお父《とう》さんやお母《かあ》さんができたこどもたちの
家族《かぞく》のことだよ。

新《あたら》しいお父《とう》さん・お母《かあ》さんと一緒《いっしょ》に、新《あたら》しいきょうだい
ができたかもしれないね。
そんな新《あたら》しい家族《かぞく》のことを
「ステップファミリー」といいます。

ステップファミリーは、一歩《いっぽ》、一歩《いっぽ》、おとなとこどもが
一緒《いっしょ》に絆《きずな》をつくっていく家族《かぞく》のことです。

陸上競技《りくじょうきょうぎ》の3段《だん》跳びのように、ホップ、ステップと積《つ》み
重《かさ》ねて大《おお》きく幸《しあわ》せにジャンプしていくことができる
家族《かぞく》のことかもしれません。

4.　大切《たいせつ》な人《ひと》との別《わか》れ

お父《とう》さんとお母《かあ》さんが離婚《りこん》した

　ある日《ひ》突然《とつぜん》、「お父《とう》さんとお母《かあ》さんが離婚《りこん》する」って言《い》われたのは本当《ほんとう》にショックだった！家族《かぞく》がバラバラになるなんて考《かんが》えられないし、信《しん》じたくない！！

ぼくはお父《とう》さんと、妹《いもうと》はお母《かあ》さんと暮《く》らすことを、ぼくたちの意見《いけん》もきかずに勝手《かって》に決《き》めてしまっていたんだ。
ぼくと妹《いもうと》が、いい子《こ》じゃなかったからこんなことになったのかな…

4

お父《とう》さんとお母《かあ》さんの離婚《りこん》は、あなたのせいではないんだよ

お父《とう》さんとお母《かあ》さんが離婚《りこん》した時《とき》、あなたは、
どんな気持《きも》ちだったかな？

あふれる悲《かな》しい気持《きも》ちや、
わけもなく腹《はら》が立《た》ったり、
さみしい気持《きも》ちになったり、
その気持《きも》ちを胸《むね》にしまって苦《くる》しい思《おも》いをしたかもしれないね。

「もしかして自分《じぶん》のせいかも」って心配《しんぱい》したかもしれないね。

でも、離婚《りこん》は、大人《おとな》の理由《りゆう》で、大人《おとな》が決《き》めたことなんだよ。
決《けっ》してあなたのせいではないんだよ。

5

5.　ステップファミリーのはじまり

①新《あたら》しいお父《とう》さん・お母《かあ》さんができた

小《しょう》1の弟《おとうと》は、さっそく一緒《いっしょ》に野球《やきゅう》を楽《たの》しんだりして、『お父《とう》さん』と呼《よ》んでるの。でも、私《わたし》は、とてもそんな気分《きぶん》になれなくて思《おも》い切《き》って自分《じぶん》の気持《きも》ちを話《はな》してみたよ。

私
いきなり『お父《とう》さん』なんて呼《よ》べないよ。（私《わたし》のお父《とう》さんは別《べつ》にいるし‥）『おっちゃん』って呼《よ》んだらだめなの？

新しいお父さん
無理《むり》にお父《とう》さんって
呼《よ》ばなくてもいいよ。
『おっちゃん』でもいいけど、
『タロウくん』の方《ほう》がうれしいな

お母さん
あっ、それいいね。私《わたし》も『タロウくん』って呼《よ》ぼうかな

6

これから一緒《いっしょ》に暮《く》らし、新《あたら》しい家族《かぞく》になっていく。それぞれの気持《きも》ちは、一人《ひとり》ひとり違《ちが》っていいんだよ。いろいろ悩《なや》んだ時《とき》は一度《いちど》、自分《じぶん》の思《おも》っていることをあなたの言葉《ことば》で伝《つた》えてみよう。

今《いま》のあなたの気持《きも》ちや感《かん》じていることをここに書《か》き出《だ》してみよう。

・
・
・
・
・

※素直《すなお》な気持《きも》ちで書《か》いたらいいんだよ～☆

7

②別《わか》れた親《おや》とはどうなるの？

前《まえ》のお父《とう》さんと一緒《いっしょ》にいった田舎《いなか》楽《たの》しかったなぁ。
優《やさ》しかったおじいちゃんおばあちゃんにも会《あ》いたいし、
また今年《ことし》も行《い》きたいなぁ。
だけど、こんなことを言《い》ったらお母《かあ》さんや新《あたら》しいお父《とう》さんは嫌《いや》な気《き》がするのかな。
新《あたら》しいお父《とう》さんと仲良《なかよ》くしてたら、前《まえ》のお父《とう》さんどう思《おも》うかなぁ？　もう頭《あたま》の中《なか》がごちゃごちゃだよ!!

今《いま》まで一緒《いっしょ》に暮《く》らしていたお父《とう》さん（お母《かあ》さん）を大切《たいせつ》に思《おも》う気持《きも》ち、大事《だいじ》にしていいんだよ。あなたが「会《あ》いたい」と思《おも》えば、会《あ》う権利《けんり》があるんだよ。

あなたが、過《す》ごした前《まえ》の家族《かぞく》での思《おも》い出《で》は、
あなたにとって、大切《たいせつ》な思《おも》い出《で》だよ。

新《あたら》しいお家《うち》の人《ひと》は、
「新しい家族と仲良くなるために、もう会《あ》ってほしくない」
と思《おも》っていたり、あなたと違《ちが》う考《かんが》えを持《も》っている場合《ばあい》もあるかもしれないね。

そんな時《とき》は、「会いたい」というあなたの気持《きも》ちを大切《たいせつ》に、
思《おも》い切《き》っておうちの人《ひと》にあなたの希望《きぼう》を伝《つた》えてみようね。

今まで一緒《いっしょ》に暮《く》らしていたお父《とう》さん・お母《かあ》さんも、
あなたが『幸《しあわ》せな気持《きも》ちですごしていたら、うれしいなぁ』
と思《おも》っているよ。

③ママ大好き

本当《ほんとう》はママと二人《ふたり》がいいんだ。大好《だいす》きなママが新《あたら》しいお父《とう》さんに優《やさ》しく話《はな》しているだけで嫌《いや》なんだ。
でもね、大好《だいす》きなママを困《こま》らせたくないからぼくも一生懸命《いっしょうけんめい》、新《あたら》しい家族《かぞく》と仲《なか》よくするためにがんばるよ。
だけど、どうしても、ぎくしゃくしちゃうんだ。

今《いま》まで一緒《いっしょ》に暮《く》らしてきた家族《かぞく》に、新《あたら》しい家族《かぞく》が加《くわ》わるとき、すぐに同《おな》じように仲《なか》よくするのはとても難《むずか》しいよね。
「気持《きも》ちをわかってくれない」と感《かん》じることもあるよね。

新《あたら》しい家族《かぞく》が仲《なか》よくなるためには、
とても長《なが》い時間《じかん》がかかるんだよ。
一緒《いっしょ》に思い出をたくさんつくっていこう。

新《あたら》しい家族《かぞく》もあなたと仲《なか》よくしたいけど、あなたに嫌《きら》われるんじゃないかと不安《ふあん》な気持《きも》ちでいるかもしれないね。
ずっと一緒《いっしょ》に住《す》んでいる家族《かぞく》もあなたに無理《むり》をしてほしくないと思《おも》っているよ。

あなたと一緒に幸せになりたい、
あなたの気持ちを大切にしたいと
思《おも》っているんだよ

ゆっくり、ゆっくりでいいんだよ。

たとえばこんなこと、一緒にやれたらいいね♪

- □洗《あら》い物《もの》などお手伝《てつだ》いしよう
- □ホットケーキ(おやつ)をつくろう（次《つぎ》は、晩《ばん》ごはん♪）
- □スーパーに買《か》いものにいこう
- □肩《かた》のたたきあいをしよう
- □サイクリングに行《い》こう
- □ゲームをしよう
- □トランプで遊《あそ》ぼう
- □雑誌《ざっし》や本《ほん》を読《よ》もう
- □散歩《さんぽ》をしよう
- □公園《こうえん》でキャッチボールをしよう（サッカーもいいね）
- □クラブの練習《れんしゅう》につきあってもらおう

④しょうゆとソース

新《あたら》しいお母《かあ》さんは、目玉焼《めだまや》きにソースをかけるんだ。
信《しん》じられない！目玉焼《めだまや》きには、絶対《ぜったい》しょうゆだよ！毎朝《まいあさ》それを見《み》ているだけでなぜか、むしゃくしゃしてしまうよ。

お母《かあ》さんとふたりの時《とき》には、夕食《ゆうしょく》の時間《じかん》に、学校《がっこう》であったことや友達《ともだち》のことなど、お母《かあ》さんに聞《き》いてもらうのが楽《たの》しみだったの。
新《あたら》しいお父《とう》さんは、「食事《しょくじ》はだまって食《た》べるものだ」っていって、怒《おこ》るからイライラする。
テレビも、プロ野球《やきゅう》ばっかり。わたしの好《す》きな番組《ばんぐみ》が見《み》られない。お母《かあ》さんに言《い》っても、新《あたら》しい家族《かぞく》に遠慮《えんりょ》しているのか、何《なに》もいってくれないの。

新《あたら》しい生活《せいかつ》に困《こま》ったり、
なれないことがあって当然《とうぜん》なんだよ。

嫌《いや》なことは嫌だとかんじていいんだよ。

もし、あなたが前《まえ》の生活《せいかつ》と違《ちが》って自分《じぶん》でがまんしていることがあったら、おうちの人《ひと》に相談《そうだん》して一緒《いっしょ》にルールを作《つく》るといいね。

また、嫌《いや》だなと感《かん》じた時《とき》には、おうちの人《ひと》に自分《じぶん》の感《かん》じていることを伝《つた》えてみよう。口《くち》で言《い》いにくかったら、紙《かみ》に書《か》いてみるのもいいかもしれないね。そうしてゆっくり、おたがいをわかりあえたらいいね。

目玉焼《めだまや》きにソースをかけて食《た》べると
意外《いがい》においしい!?
新《あたら》しい発見《はっけん》があるかもしれないね。

⑤新《あたら》しいきょうだいができた

新《あたら》しいお母《かあ》さんとだんだん仲《なか》よくなってきて、新《あたら》しい生活《せいかつ》にもなれてきたよ。そんなときに初《はじ》めての妹《いもうと》、赤《あか》ちゃんが生《う》まれたよ。赤《あか》ちゃんは、すごく可愛《かわい》いの。

でもね、新《あたら》しいお母《かあ》さんやお父《とう》さんは、赤《あか》ちゃんが可愛《かわい》くてしょうがないみたい。赤《あか》ちゃんのお世話《せわ》ばっかりで、私《わたし》のことなんて、どうでもいいんだ。
あの子《こ》なんていなければいいのに!!

あなたも赤《あか》ちゃんだったころ、
同《おな》じように愛《あい》されて育《そだ》ったんだよ。
もちろん、今《いま》もあなたのこと大切《たいせつ》に思《おも》っているよ。

家《いえ》の中《なか》が赤《あか》ちゃん中心《ちゅうしん》になって、あなたは、さびしく、
不安《ふあん》に思《おも》うことがあるかもしれないね。

おうちの人《ひと》は、もちろん今《いま》もあなたのことを大切《たいせつ》だと
思《おも》ってるよ。

でも、赤《あか》ちゃんのお世話《せわ》に手《て》がかかって大変《たいへん》なんだね。
あなたも何《なに》かお手伝《てつだ》いができたらいいね。
きっと赤《あか》ちゃんのかわいい笑顔《えがお》や成長《せいちょう》に、
あなたもおうちの人《ひと》も思《おも》わず『にっこり』するだろうね。

⑥抑《おさ》えられないよ

言《い》いたいことも言《い》えない、思《おも》うようにいかなくて
自分《じぶん》の家《いえ》なのにもう家《いえ》にいるのが耐《た》えられない。
イライラした気持《きも》ちを抑《おさ》えられないよ!!

一緒《いっしょ》にいたくないと思《おも》うときもあるよね。

でもイライラした気持《きも》ちをぶつけてしまっては、後《あと》でいやな気持《きも》ちになるよね。

そんな時《とき》、何《なに》かにあたらないで、自分《じぶん》の気持《きも》ちを落《お》ちつかせる方法《ほうほう》や悲《かな》しい気持《きも》ちがどうしたら少《すこ》し楽《らく》になるのかを探《さが》してみよう。

自分《じぶん》の思《おも》っていることを、あなたが安心《あんしん》できる人《ひと》にきいてもらうだけで、気持《きも》ちが落《お》ち着《つ》くこともあるよ。

うまく話《はな》せなくても、自分《じぶん》の中《なか》のモヤモヤをはきだすだけでも、ほっとした気持ちになるかもしれないね。

あなたの好《す》きな人《ひと》、ほっとできる人《ひと》
おじいちゃん・おばあちゃん
親戚《しんせき》のおじさん・おばさん　友《とも》だち
学校《がっこう》の先生《せんせい》や、保健室《ほけんしつ》の先生《せんせい》
スクールカウンセラーの先生《せんせい》など、
あなたの話《はな》したい人《ひと》がいるといいね。

他《ほか》にもこんなことあるよね。
あなたはどんな時《とき》、気持《きも》ちが落《お》ち着《つ》くかな？

自分《じぶん》のいいところを思《おも》い出《だ》してみる

音楽《おんがく》をきいたり、
スポーツや絵《え》をかいたりなど
あなたの好《す》きなことをする。

空《そら》を見《み》上《あ》げる

深呼吸《しんこきゅう》する

少《すこ》し落《お》ち着《つ》いたら、おうちの人《ひと》に、自分《じぶん》の気持《きも》ちや伝《つた》えたいことを話《はな》すことができるかもしれないね。

6.　ちょっと一息《ひといき》

クロスワードパズルコーナー♪♪

右《みぎ》のページの質問《しつもん》を解《と》いて
下《した》の5文字《もじ》の言葉《ことば》をみつけだそう。

①		②		③
④	⑤		⑥	
⑦				⑧
	⑨			
⑩				

色《いろ》のついている5文字《もじ》を並《なら》べてここに答《こた》えを書《か》いてみよう。

横のカギ

①学校《がっこう》がお休《やす》みだ!今日《きょう》は遊《あそ》びに全力《ぜんりょく》〇〇〇〇〇だ。

⑤に～っこり。そんな時《とき》のあなたの顔《かお》は?〇〇〇

⑦よっしゃー!一等賞《いっとうしょう》で〇〇メダルゲット☆

⑨おはよう、こんにちは、こんばんは～
〇〇〇〇からはじまるコミュニケーション。

⑩切《き》っても切《き》れない人《ひと》とのむすびつきのことだよ。〇〇〇

縦のカギ

②外《そと》で遊《あそ》ぶときは、動《うご》きやすい服《ふく》に〇〇〇る。

③〇〇を向《む》いて歩《ある》こう、光《ひかり》をあびよう!

④うれしい、たのしい時《とき》は、こころが〇〇〇〇しているね♪

⑥ぽかぽかいい天気《てんき》。サンサンと輝《かが》く〇〇〇〇。

⑧フランクフルトやカキ氷《ごおり》に金魚《きんぎょ》すくい…
みんなが集《あつ》まってワイワイする行事《ぎょうじ》だよ。〇〇〇

7.　書《か》いてみよう

1.あなたの今《いま》の気持《きも》ちに近《ちか》いものにチェックしてみよう。

2.どうしてその気持《きも》ちになったのかな？

・

・

・

・

・

8.　SOS

①たたかないで

私《わたし》の家《いえ》に新《あたら》しいお父《とう》さんが来《き》た。
新《あたら》しいお父《とう》さんは、いつもガミガミ怒《おこ》っている。
宿題《しゅくだい》！宿題《しゅくだい》！とうるさいし、ゲームもさせてくれない。
勝手《かって》に色《いろ》んなルールを決《き》めて、守《まも》らないと、叩《たた》かれたり、
ベランダにほうり出《だ》されるの。
昨日《きのう》なんか、お母《かあ》さんの手伝《てつだ》いをしないだけで、
髪《かみ》の毛《け》を引張《ひっぱ》られたんだ。
身体《からだ》と心《こころ》がズキンズキン痛《いた》いよ。

②ぼくは悪《わる》くない

僕《ぼく》の家《いえ》に新《あたら》しいお母《かあ》さんと弟《おとうと》が来《き》た。
お父《とう》さんは、弟《おとうと》と仲良《なかよ》くしてあげなさいと言《い》うけれど、
僕《ぼく》は大嫌《だいきら》い。
うるさいし、わがまま。おまけにすぐに泣《な》く。
弟《おとうと》にはおやつがあるけど、僕《ぼく》にはなし。
ご飯《はん》も僕《ぼく》だけ一人《ひとり》で食《た》べるんだ。

そうなった理由《りゆう》を僕《ぼく》は知《し》っている。

前《まえ》のお母《かあ》さんに買《か》ってもらったおもちゃを弟《おとうと》が勝手《かって》に取《と》って遊《あそ》んでいて壊《こわ》したんだよ。僕《ぼく》は弟《おとうと》を突《つ》き飛《と》ばしてやった。弟《おとうと》は大声《おおごえ》で泣《な》いたけど、僕《ぼく》はそれ以上《いじょう》にお母《かあ》さんから叩《たた》かれた。ご飯《はん》ももらえず、ずっと正座《せいざ》。お母《かあ》さんは、あやまるまで正座《せいざ》をしなさいというけれど、僕《ぼく》は悪《わる》くない。

あなた自身《じしん》が、
「とてもつらいと感《かん》じるとき」は、
まわりの誰《だれ》かの助《たす》けが必要《ひつよう》です。

たとえば…
何《なに》も悪《わる》くないのにいつもたたかれたり、
きょうだいの間《あいだ》でひどい差別《さべつ》があったり、
食事《しょくじ》をさせてもらえなかったり、
こわくてたまらないほど繰《く》り返《かえ》し叱《しか》られたり。

そういう時《とき》は、がまんしないで、だれかに相談《そうだん》してね。
学校《がっこう》の先生《せんせい》やおじいちゃん、おばあちゃん、あなたの話《はなし》をしやすい人に話《はなし》を聞《き》いてもらってください。

だれにも話《はな》せないときは、**電話《でんわ》で相談《そうだん》できる**ところもあるよ。(25·26ページ)

苦《くる》しんでいるのなら、
がまんしなくていいんだよ。

だれかに相談《そうだん》することで、ほっとしたり、
どうすれば良《よ》いか、いっしょに
考《かんが》えてもらうことができるよ。
あなたのことを
叱《しか》ったり疑《うたが》ったりすることはないよ。

あなたが「もうだいじょうぶ」と思《おも》えるまで、
何回《なんかい》でも相談《そうだん》していいんだよ。

9. 困《こま》った時《とき》は相談《そうだん》してみよう

◎困《こま》った時《とき》や、なんとなく気持《きも》ちが落《お》ち着《つ》かない時《とき》などには、電話《でんわ》で相談《そうだん》することもできるよ。
名前《なまえ》を言《い》わなくてもいいんだよ。
いろんなところがあるので、あなたがかけやすいところにかけてみてね。（電話料金《でんわりょうきん》がかかるところと、かからないところがあるよ）

【相談《そうだん》できるところ】

○**大阪市《おおさかし》こども相談《そうだん》センター**
TEL.06−4301−3100
【月～金　9:00～17:30　休館日:土日祝、年末年始　休み】

○**電話《でんわ》教育《きょういく》相談《そうだん》**（こども専用の電話相談だよ）
TEL.06−4301−3140
【月～金　9:00～19:00　休館日:土日祝、年末年始　休み】

○**24時間《じかん》電話《でんわ》教育《きょういく》相談《そうだん》**（全国共通）
TEL.0570−0−78310《なやみいおう》
【年中無休】
※一部のIP電話、PHSからは、つながりません。

○**大阪市《おおさかし》児童《じどう》虐待《ぎゃくたい》ホットライン**
0120−01−7285（無料《むりょう》です）
※24時間365日いつでもつながります

○**キッズライン**（こども専用の電話相談だよ）
0120−786−810（無料《むりょう》です）
【毎月第1・3土曜日　午後2時～7時】

○**子どもの虐待《ぎゃくたい》ホットライン**
TEL.06−6762−0088
【月～金曜日　午前11時～午後5時】

○**各区《かくく》役所《やくしょ》子育《こそだ》て支援室《しえんしつ》**（保健福祉《ほけんふくし》センター保健福祉課《ほけんふくしか》）
【月～金　9:00～17:30　土日祝、年末年始　休み】
※一番身近なところにかけてみよう

・北区	TEL.6313-9939	・東淀川区	TEL.4809-9854
・都島区	TEL.6882-9857	・東成区	TEL.6977-9157
・福島区	TEL.6464-9857	・生野区	TEL.6715-9024
・此花区	TEL.6466-9958	・旭区	TEL.6957-9939
・中央区	TEL.6267-9868	・城東区	TEL.6930-9068
・西区	TEL.6532-9936	・鶴見区	TEL.6915-9933
・港区	TEL.6576-9844	・阿部野区	TEL.6622-9865
・大正区	TEL.4394-9110	・住之江区	TEL.6682-9878
・天王寺区	TEL.6774-9894	・住吉区	TEL.7656-6162
・浪速区	TEL.6647-9895	・東住吉区	TEL.4399-9733
・西淀川区	TEL.6478-9950	・平野区	TEL.4302-9936
・淀川区	TEL.6308-9939	・西成区	TEL.6659-9857

P18のちょっと一息《ひといき》のクイズのこたえは、ありがとうだよ。
みんなわかったかな？

10. 大切《たいせつ》なあなたへ

あなたの家族《かぞく》がどのようにかわっても、あなたが大切《たいせつ》な大切《たいせつ》な存在《そんざい》であることは、かわらないよ。

いつも元気《げんき》でなくていい。
かなしい時《とき》は泣《な》いてもいい。
自分《じぶん》のこと、自分《じぶん》の気持《きも》ちを大切《たいせつ》にしてね。

『あなたらしく』笑顔《えがお》がふえていったらいいね。

あなたの新《あたら》しい家族《かぞく》との生活《せいかつ》が、
心《こころ》から安心《あんしん》できる場所《ばしょ》になるように、
まわりの多《おお》くの人《ひと》たちが応援《おうえん》しています。

泣《な》いて　怒《おこ》って　笑《わら》って
～ステップファミリーの幸《しあわ》せのために～
【こども編《へん》】
発行年月：平成24年3月
発　　行：大阪市こども青少年局子育て支援部こども家庭課
大阪市北区中之島1−3−20
TEL.06−6208−8032

おわりに

この本に示した考え方の基本は、筆者の16年間にわたる養育里親の実体験をもとにした気づきを根拠にしている。実子の子育て体験とはまた異なった里子の様子、言動、その特性の様々な現象の多くに、里父母ともども戸惑い、困惑することが少なくなかったが、里子にすれば自分の意図や思いに反したショッキングで悲しくつらい身上体験を何とか乗り越えて今に至ったのだろうと想像する。

ところで、自らの日常養育体験を通して里子の成長をまぢかに見るにつけ、実は他の里親家庭でもごく似通った現象が生じ、それぞれに苦労されていることに気づいた。この気づきは筆者自身が長らく児童相談所に勤務したという性格から、他の里親家庭と接点を多く持つことがあったことによりもたらされたが、一方、神戸と大阪に事務所がある公益社団法人 家庭養護促進協会の数十年にわたる里親支援の実践活動やその記録等によっても裏付けられ、強化されることになった。

そして、様々な事情の下、実親との分離を体験した多くの子どもたちにとって、基本となる心の回復と成長の道筋があることが理解できるようになった。里親にとっては、多くの戸惑いと混乱を生じさせることになる、里子たちの混乱現象は、里子にとってはそれにこそ意味のある言動として存在し、新たな養育者である里父母が、粘り強くその現象に付き合い、背景にある事情や思いをくみ取り、そして、変わらぬ姿勢で子どもとその思いに寄り添うことこそが、最も大切な基本であることを確知させてくれた。

実務で散見される里親子関係の破綻は、一つには里子の回復、成長の道筋とそれに付随する具体的言動に対する養育者と里親手続きを担う職員の理解の不足から生じていることが多かった。また、もう一つには、養育者の思いと考えで子どもをしつけ、枠にはめ、そして子どもの態度や言動をコントロールしようとする姿勢が優位になってしまったことに由来することが多かった。

その意味で、児童相談所や児童福祉施設などの里子の養育あっせんの仕事に携わる者は、この基本をしっかり理解して、新たな里親候補者に正しく伝えることが、子ども及び養育者の今後の生活を安定させる上で、極めて大切な作業であることを常に意識してほしいと願う。

そのような思いと理解に立って、中途から養育されることになった子どもたちを見渡すと、近年増加傾向にあるステップファミリー、そして家庭の事情で親子分離体験を経て施設で育つ子どもたち、それらの子どもたちが極めて似通った状況下で、回復、成長の道筋をたどっていることが見えてきたが、残念なことにその理解が必ずしも養育者側に十分浸透していないことにも気づかされた。

そして里親子関係の破綻の場合と同様に、子どもの傷つきとその後の回復のための混乱現象に対する理解の欠如だけでなく、むしろ養育者を困らせるよくない矯正すべき言動として誤って受け止められている現状があることにも危惧を感じるところになった。

これらの誤解や思いの行き違いは、新たな養育者によるしつけと称する叱責と罰に重きを置いたコントロールを先行させ、却って事態を悪化させる結果を招いているだけでなく、結局は養育関係が破綻してしまっている事例が後を絶たないでいるという現実を招来させてしまっている。

そのような思いから、第2章として、ステップファミリーで育つことになった子どもの立場や心の回復プロセスを、里親家庭と比較させながら、解説する形を取った。実親のいずれかとの不本意な別離、そしてひとり親家庭を間に挟みつつ、新たな養育者との出会いは、微妙な条件で里親家庭とは異なった要素がありつつも、極めて共通の要素が多いことにも気づかされる。

近年里親家庭の促進を図るための国や自治体の政策の中で、里親家庭に対する研修が強化され、子どもの反応やそれに対する里親の対応姿勢などがしっかりと伝授されることが期待されている。しかし、ステップファミリーの場合、そのプロセスはまったくの私的行為であるため、研修はもとより、ステップファミリーで生じやすい子どもの反応や必要とされる大人側の対応姿勢などは、これまで社会からほとんど情報発信されないままできている。何も研修を受けない里親が、新たな里子養育でつまずく可能性が極めて高いことを想定すれば、ステップファミリーは私的行為だから何も情報提供する必要はないとの考えには決してならない。

本書も、そういう思いを含んで、ステップファミリーの子育てをテーマの一つとして取り込んだが、筆者はＮＰＯ法人児童虐待防止協会に所属する身分でもあるので、その立場から行政に働きかけて実現したステップファミリーの大人と子どもに向けた啓発冊子を、今後のより普及を期待して、末部に資料として添付する形を取った。できれば全国の各自治体で、それぞれのバージョンでの啓発冊子を作成し、今や四組に一組の結婚が再婚という現実に沿った子育てのための情報提供を大切にしてほしいと願う。

第3章として、同じく中途からの養育に携わることになる施設での養育を取り上げた。

近年、少子化による子どもの減少に反比例し、社会的養護を必要とする子どもたちが増加してきている。意図しない実親との別れ、そして、施設という新たな養育環境で育つことになる多くの子どもたちにとって、ある意味、里親の子どもたち以上に厳しい環境が待ち受けている。長年集団での生活秩序維持と衣食住を満たすことに主眼が置かれた日本の施設養護の世界は、近年ようやく個々の子どもたちの個別ケアや心の回復道筋を支援することの大切さが意識されるようになってきた。厚生労働省は、将来的に社会的養護を必要とする子どもたちの受け皿は、里親、グループホーム、施設がそれぞれ三分の一ずつになるような方向性を示している。加えて施設そのものも生活単位を小さくするためのユニット化を基本とする考えが提示されている。これらは子どもたちが心の傷を癒やし、回復の道筋をたどる上で望ましいことであるが、個々の子どもたちは、自らの満たされない欲求に大人が対処してくれることがわかると、一時的にはその欲求が歯止めなく増大し混乱に拍車がかかることを十分理解していなくてはならない。この理解がないとせっかくの方向性が挫折という思わぬ結果を招きかねないということになる。

幸い、この本の校正作業のさなか、児童福祉施設の職員配置が一定数改善されるという朗報がもたらされたが、里親家庭では、里父母二人が一人の里子に振り回されるという現象も珍しくないので、あくまで集団と個別のバランスのとり方に創意と工夫がいるし、もとより限られた施設のスタッフや体制だけで目的を果たそうとするのではなく、施設を支える多くの社会的仕組みを作り上げることが改めて大切であることを意識してほしいと願う。

また親子分離等の体験により、傷ついた子どもたちの回復と成長の道筋は、基本的に里親家庭の子どもたちと同様であるので、現在がどの段階にあって、そこでは何が最も必要とされているのかを意識しながら、職員と子どもたちの信頼と安心の関係を作り上げていくことが、将来の子どもたちの自立を支える力として、最も大切なものであることを常に心にとどめていただければ幸いである。

さらに施設から家庭に引き取られる場合、とりわけ乳幼児期の分離体験を経て家庭復帰するときは、実の親子であっても里親委託と同様の反応が起こることになるので、児童相談所や施設職員から相当丁寧な事前の説明と、しっかりしたフォローの体制が必要であることも重々意識してほしいと願う。

なお、子どもたちの思いを直接伝え、その生の声に耳を傾けていただきたいとの思いから、この書の全般にわたって子どもたちの声を作文や手記等を活用する形で紹介した。困難で苦しい状況に置かれた子どもたちほど、その思いを整理して大人に伝えることは難しく、大人を困らせる混乱言動として表出することが多いが、対峙する大人は行動に目を向け、その表出された困った行動をただ単に抑え込もうとするのではなく、背景にある事情や思いを理解し、その思いに添った対応を心掛けることが求められているということを、今一度大切にしていただくことを願って、この書のおわりにとしておきたい。

二〇一五年　立春

津崎哲郎

著者紹介

津崎 哲郎（つざき てつろう）

社会福祉法人 大阪児童福祉事業協会理事長、NPO法人 児童虐待防止協会理事長、NPO法人 子どもセンターぬっく副理事長、関西大学客員教授。

1968（昭和43）年、大阪市立大学文学部社会学専攻卒業。

1969（昭和44）年、大阪市中央児童相談所に勤務しケースワークに従事。

以降、一時保護所長、措置係長、副所長、所長を経て、2004年3月末で35年間勤務した児童相談所（現、大阪市こども相談センター）を退職。

2004（平成16）年4月より花園大学社会福祉学部教授。児童福祉論を担当。

2015（平成27）年3月、花園大学退任。同年4月より関西大学客員教授。


これまで厚生労働省社会保障審議会児童部会委員、児童虐待等要保護事例の検証に関する専門委員、日本子ども虐待防止学会副会長などを歴任。

現在、京都府児童相談所業務専門委員会座長、京都府社会福祉審議会委員、大阪市社会福祉審議会委員、大阪市児童虐待事例検証部会座長、大阪市里親施策推進プロジェクト会議座長、等々を務める傍ら、養育里親として、2016年7月に21歳になった里子（女）を18年にわたって養育してきた。


著書に『子どもになれない子どもたち』筑摩書房、『子どもの虐待』朱鷺書房、共編著『児童虐待はいま』ミネルヴァ書房、他、論文等多数。

里親家庭・ステップファミリー・施設で暮らす
子どもの回復・自立へのアプローチ
――中途養育の支援の基本と子どもの理解

2015年3月15日　初版第1刷発行
2016年8月10日　初版第2刷発行

著　者　津　崎　哲　郎
発行者　石　井　昭　男
発行所　株式会社　明石書店
〒101-0021　東京都千代田区外神田6-9-5
電　話　03（5818）1171
F A X　03（5818）1174
振　替　00100-7-24505
http://www.akashi.co.jp
装丁　桜井勝志
印刷　モリモト印刷株式会社
製本　協栄製本株式会社

（定価はカバーに表示してあります）　ISBN978-4-7503-4156-9